Johannes J. Urbisch

# Die Psyche
# des Universums

**Der Weg von Quarks zum Bewusstsein**

Mein besonderer Dank gilt Frau Barbara Müller-Heiden für das Korrekturlesen. Danken möchte ich auch Herrn Lothar Steffens für sachdienliche Hinweise bei der Gestaltung der Umschlagsseite.

**Impressum:**
Johannes Urbisch,
„Die Psyche des Universums – Der Weg von Quarks zum Bewusstsein"
Verlag & Druck: tredition GmbH, Halenreie 40-44, 22359 Hamburg,
E-Mail: info@tredition.de, Telefon: +49 (0)40/28 48 425-0
Satz: Johannes J. Urbisch
Umschlag: Johannes J. Urbisch
Umschlagsfoto Quelle: CC-BY-03     ESO/M.-R.     Cioni/VISTA Magellanic Cloud survey. Acknowledgment: Cambridge Astronomical Survey Unit
ISBN:   978-3-7497-8369-4 (Paperback)
        978-3-7497-8370-0 (Hardcover)
        978-3-7497-8371-7 (e-Book)

# Einleitung

Bereits als Student faszinierten mich die Reflexionen des französischen Jesuiten Pierre Teilhard de Chardin über das Universum, die er insbesondere in seinem Hauptwerk „Der Mensch im Kosmos"[1] dargelegt hatte. Für Teilhard de Chardin stand fest, dass das Universum und seine Entwicklung mehr ist als nur ein rein physikalisch-chemischer Prozess. Es schien ihm, als ob der Kosmos von einer inneren Kraft getrieben sei, die ihn zu immer höheren Organisationsformen führe. Er nennt diesen Prozess Komplexifikation. Diese Vorstellung Teilhard de Chardin´s ließ mich seit vielen Jahrzehnten nicht los und regte mich immer wieder an, mir selbst Gedanken zur Entwicklung des Universums zu machen. Das nun hier vorliegende Buch ist ein Versuch diese Gedanken zu systematisieren.

Und in der Tat, wenn man die Entwicklung des Universums seit dem so genannten Urknall verfolgt, stellt man fest, dass der Stoff, aus dem der Kosmos aufgebaut ist, mit all seinen Erscheinungen in der Raumzeit immer höher organisierte Formen annimmt. Aus der Ursingularität wird das Urplasma aus dem sich dann die ersten subatomaren Teilchen bilden, diesen folgen die Atome, die sich dann zu Molekülen „organisieren", aus denen sich anschließend die Ursterne und Protogalaxien zusammenballen u.s.w.

Dieser Prozess bleibt aber nicht auf der rein physikalischen Ebene stehen, sondern setzt sich fort, in dem, was wir das Leben nennen, das seinerseits wiederum in dem bisher vorläufigen Höhepunkt seine Fortsetzung findet, den wir als Bewusstsein bezeichnen.

---

[1] Das französische Original erschien mit dem Titel „Le Phenomene humain".

Angesichts dieses offensichtlichen Prozesses stellt sich die Frage: Was treibt den Stoff des Universums dazu, sich zu immer höheren Formen zu organisieren und wie muss seine Struktur beschaffen sein, um all diese Phänomene zu erklären? Verfügt der Stoff des Universums über eine innere Kraft, die diesen Prozess antreibt? Da nach Ansicht der heutigen Naturwissenschaft die vorhandene, experimentell erfass- und messbare Materie- und Energiemenge nicht ausreichen, um die Entwicklung des Universums zu beschreiben, wird eine dunkle Materie und Energie postuliert. Welcher Art ist nun diese dunkle Materie und dunkle Energie, wenn sie nicht mit den heutigen naturwissenschaftlichen Instrumenten bewiesen werden können? Oder gibt es vielleicht andere Deutungsmöglichkeiten als nur rein physikalische?

Ich benutze ganz bewusst den Begriff „Stoff des Universums" und nicht „Materie" zur Bezeichnung des Grundbausteines des Universums. Der Begriff „Materie" wird traditionell in der Naturphilosophie und später vor allem in den Naturwissenschaften als Bezeichnung für einen bestimmten Aspekt der Wirklichkeit verwendet, den man vereinfachend gesagt, auch als experimentell erfassbar und messbar bzw. beobachtbar bezeichnen kann.

Die eigene Existenz und die Reflexion über die Welt und uns selbst weist aber darauf hin, dass sich die Wirklichkeit nicht nur in rein „materiellen" Kategorien beschreiben und begreifen lässt.

In mehreren Schritten soll hier deshalb untersucht werden, was die Wirklichkeit[2], deren ein Teil wir selbst sind, letztendlich ist. Ich fasse sie zusammen in den folgenden drei Thesen:

*These 1: Die physikalisch erfassbare Materie tendiert dazu, sich zu immer höheren Formen zu organisieren (Komplexifikation).*

---

[2] Damit ist gemeint das umfassendste Seiende

8

*These 2: Die Kraft, die sie dazu treibt ist ihr immanent.*

*These 3: Der Stoff des Universums ist komplementärer Natur.*

Wir werden uns den gestellten Aufgaben in mehreren Schritten nähern. Im ersten Teil versuchen wir zu erforschen, wie unsere Vorfahren das Universum gesehen und begriffen haben. Teil zwei ist der Darstellung des Universums gewidmet, wie es die heutigen Naturwissenschaften beschreiben. Im dritten Teil werden wir versuchen zu ergründen, ob es noch andere Deutungsmöglichkeit über den Stoff des Universums gibt als nur rein physikalisch-chemische.

Und eine letzte Bemerkung. Auch wenn wir uns mit physikalisch-chemischen Phänomenen befassen werden, ist meine Absicht nicht primär naturwissenschaftlicher Natur. Die Naturwissenschaften haben in meinen Überlegungen nur dienende Funktion. Mir geht es hier um eine allumfassende ontologische Herangehens- und Sichtweise.

Der Verfasser

# Teil I: Das Universum in der Wahrnehmung unserer Vorfahren

*„Deshalb entspricht die Geschichte der lebenden Wesen zweifellos der Ausgestaltung immer vollkommener Augen inmitten eines Kosmos, in dem die Möglichkeiten eines immer schärfer sich ausbildenden Unterscheidungsvermögen besteht. Ist nicht die Schärfe und die Fassungskraft das Maß für die Vollkommenheit des lebenden und die Überlegenheit des denkenden Wesens? Mehr und besser sehen wollen ist also keine bloße Laune, keine Neugierde, kein Luxus. "[3]*

## Die Kosmologie und Kosmogonie

Unter Kosmologie und Kosmogonie versteht man eine Beschreibung und Erklärung der Entstehung, Beschaffenheit, Entwicklung und Zukunft des Kosmos. Wobei die zweite mehr den Akzent auf die Herkunft also die Entstehung des Universums legt. Der Begriff setzt sich zusammen aus den griechischen Wörtern κόσμος (kosmos) = *(Welt-)Ordnung* und λόγος (logos) = *Wort, Lehre,* bzw. γενεα = *Geburt, Erzeugung.*

Kosmologie und Kosmogonie sind so alt wie die Menschheit selbst. Als ein Mythos waren sie wahrscheinlich bereits den Urmenschen bekannt, als philosophische Disziplinen haben sie sich in den ersten Hochkulturen und als Naturwissenschaft erst in der Neuzeit entwickelt. Heute werden sie weiterhin sowohl von Philosophen wie Naturwissenschaftlern mit den je eigenen Akzentuierungen ausgeübt. *„Wir sind schon recht weit in den Weltraum vorgedrungen."* – zitiert Rüdiger Vaas den Astronomen Edwin Powell Hubble – *„Unsere nächste Nachbarschaft kennen wir gut. Aber mit zunehmender Entfernung schwindet unser Wissen [...] Die Suche wird weitergehen. Dieser Drang*

---

[3] Teilhard de Chardin, Pierre; *Der Mensch im Kosmos*, München 1959, S. 17.

*ist älter als die Geschichte. Er ist noch nicht gestillt, und er wird sich auch nicht unterdrücken lassen.*"[4]

## Die Urmenschen

Es ist höchst wahrscheinlich, dass bereits die Urmenschen, nachdem sie sich selbst, andere Menschen und die Welt bewusst wahrnahmen, sich bereits die Fragen nach ihrer eigenen Herkunft und der sie umgebenden Welt stellten. Leider bleiben wir bei diesen Vermutungen zum großen Teil nur auf Spekulationen angewiesen, da uns eindeutige materielle Zeugnisse dafür fehlen.[5]

Die frühesten Zeugen, die unsere Vermutungen rechtfertigen, sind die mittlerweile an vielen Stellen in der Welt entdeckten Fels-, Grotten- und Höhlenmalereien. Sie beweisen, dass bereits unsere frühen Vorfahren, die Urmenschen, eine reflektierte Sicht auf die sie umgebende Welt besaßen. Ob sie so etwas wie eine kosmologisch-kosmogonische Sicht der Welt besaßen, kann man aus diesen Zeugnissen jedoch nicht eindeutig herauslesen.

## Die Ältesten Himmelsdarstellungen

Die Kalksteinplatte von Malta (Foto: D. Cilia, Malta Heritage)

Die älteste europäische Darstellung des Himmels findet sich auf einer Kalksteinplatte, die in einem neolithischen Tempel in Tal-Qadi auf Malta entdeckt wurde. Die auf ihr eingeritzten sternartigen Figuren stellen

---

[4]Vgl.: Vaas, Rüdiger; Hawkings neues Universum, München 2010, S. 83
[5] Vgl.: ebenda; S. 78

wahrscheinlich die Sterne der Plejaden und des Sternbildes Stier dar. Die Zeichnung stammt aus dem Neolithikum (Jungsteinzeit).

Aus der frühen Bronzezeit Mitteleuropas stammt die so genannte Himmelsscheibe von Nebra. Ihr Alter wird auf 3700 bis 4100 Jahre geschätzt. Sie gilt als einer der wichtigsten archäologischen Funde aus dieser Epoche. Sie ist die älteste bewegliche und derzeit nach der Kalksteinplatte von Malta die zweitälteste Himmelsdarstellung.

Die Nebrascheibe
Foto entnommen Wikipedia

Die Nebrascheibe wurde aus Bronze hergestellt. Die Darstellungen auf ihrer Stirnseite bestehen aus Goldeinfügungen. Nach einer gängigen Interpretation sollen die kleinen Goldplättchen die Sterne darstellen, wobei die Gruppe aus sieben Plättchen das Sternbild der Plejaden entsprechen soll. Die anderen 25 kleinen Plättchen sind astronomisch nicht zuzuordnen. Die große runde Goldfläche stellt die Sonne, einige meinen auch den Vollmond, dar; die Sichel den zunehmenden Mond nach dem Neumond; der goldene Bogen mit zwei annähernd parallelen Längsrillen wird als Sonnenschiff gedeutet, wie man es aus ägyptischen und minoischen Abbildungen kennt. Die beiden Streifen links und rechts, wovon der eine fehlt, sollen den Horizont markieren.

Welche Funktion die Himmelsscheibe von Nebra hatte, lässt sich nicht eindeutig feststellen. Wahrscheinlich wurde sie zu kultischen Zwecken benutzt, könnte aber zugleich als eine Art Kalender gedient haben.

Stonehenge
Quelle: Operarius Datum * 24.07.2008

Auch die Stonehengeanlage in der Nähe des englichen Salibury´s – entstanden vor etwa 5.000 Jahren[6] - wird von einigen Wissenschaftlern – neben vielen andren Interpretationen – als eine Art astronomisches Observatorium gedeutet, weil einige Linien nach der Sommersonnenwende ausgerichtet sind.

**Die frühen Hochkulturen**

Erst mit dem Herausbilden der Hochkulturen in China, im Nahen- und Mittleren-Osten, am Nil und später auch in Griechenland und Rom entstehen auch komplexere Kosmologien und Kosmogonien, die uns aus archäologischen Grabungen und schriftlichen Überlieferungen bekannt sind.

Die ersten Vorstellungen von Entstehung und Entwicklung der Welt waren mythischen Ursprungs. Es lagen ihnen meistens keine wissenschaftlichen Erkenntnisse im heutigen Sinne zugrunde. Diese mythischen Vorstellungen aber dienten oft als

---

[6] Neuere Untersuchungen sprechen gar von 11.000 Jahren. Vgl.: Franz, Angelika: *Neudatierung: Stonehenge ist vermutlich älter als bisher angenommen.* Auf: *Spiegel Online* vom 9. Oktober 2008.

14

Ausgangspunkt für philosophische Reflexionen, die ihrerseits im Laufe der Zeit wiederum Anstoß zu naturwissenschaftlichen Forschungen waren.

## Indien

Die indische Philosophie gehört zu den ältesten in der Welt. Ihre Lehren wurden zunächst durch Auswendig-Lernen von Lehrer auf Schüler jahrhundertelang meistens in Priesterkreisen tradiert, bis sie um etwa 600 v. Chr. schriftlich in den Veden fixiert wurden. Es liegen vier Sammlungen der Veden vor. Sie beinhalten das höchste und wichtigste Wissen über die Götter und den Ursprung aller Dinge. Bei den Göttern handelt es sich wie in der griechischen Mythologie, um Personifizierungen von Naturgegenständen und -kräften oder bedeutende Persönlich-keiten der Vorzeit. Sie werden verschiedenen Bereichen zugerechnet und nehmen oft *„auch die Gestalt von Ursachen für das an, was man auf ihre Tätigkeit zurückführt."* Darin sind sie *„den griechischen 'Archai' vergleichbar."*[7]

Die Veden schildern mehrere verschiedene Schöpfungsberichte. Der berühmteste von ihnen findet sich in der Rig-Veda Nr. 10, 129.[8] Der Bericht besteht aus Negationen. Es schildert was alles

---

[7] Vgl.: Geldsetzer, Lutz; Die klassische indische Philosophie, Vorlesungen an der HHU Düsseldorf, SS 1982, WS 1993/94, WS 1998/99, §11 Die Veden.

[8] Vgl. Geldsetzer, Lutz; *"Weder Nichtsein noch Sein war damals; nicht war der Luftraum noch der Himmel darüber. Was strich hin und her? Wo? In wessen Obhut? Was war das ergründliche tiefe Wasser? Weder Tod noch Unsterblichkeit war damals; nicht gab es ein Anzeichen von Tag und Nacht. Es atmete nach seinem Eigengesetz ohne Windzug dieses Eine. Irgend ein Anderes als dieses war weiter nicht vorhanden. Am Anfang war Finsternis in Finsternis versteckt; all dieses war unkenntliche Flut. Das Lebenskräftige, das von der Leere eingeschlossen war, das Eine wurde durch die Nacht seines heißen Dranges geboren. Über dieses kam am Anfang das Liebesverlangen, was des Denkens erster Same war. Im Herzen forschend machten die*

nicht da war, außer dem gewissen „Einen", aus dem dann alles andere entstand. Zu Grunde dieses Schöpfungsberichtes liegt also das gewisse „Eine", (die Kraft? Energie?), das da sein musste, über das wir jedoch nichts wissen und wissen können.

Welcher Natur dieses „Eine" war, ist nicht bekannt. Es liegt jenseits unserer Wahrnehmung. Es ist transzendent. Vielleicht weiß es nicht einmal „der höchste Aufseher im Himmel", über den auch nichts Näheres bekannt ist.bei Buddha spielte die Frage nach der Entstehung der Welt keine Rolle. Die kosmologischen Vorstellungen des Frühbuddhismus entsprechen deshalb den Ansichten der altindischen Mythologie vom stufenweisen Aufbau des Kosmos. Der spätere Buddhismus vertrat die Meinung, dass der Kosmos einen dynamischen Charakter hat. Es ist eine ständige Abfolge von Werden und Vergehen. Es gibt deshalb nichts Unvergängliches. Der ständige Wandel hat keinen Anfang und kein Ende. Ein Urbeginn ist nicht erkennbar.

## China

Die chinesische Mythologie sah den Beginn aller Wirklichkeit in einer Art Weltei, aus dem die sichtbare und die unsichtbare Welt mit allen ihren Gegensätzen entstanden war. Symbolisch

---

*Weisen durch Nachdenken das Band des Seins im Nichtsein ausfindig.Quer hindurch ward ihre Richtschnur gespannt. Gab es denn ein Unten, gab es denn ein Oben? Es waren Besamer, es waren Ausdehnungskräfte da. Unterhalb war der Trieb, oberhalb die Gewährung."*

*Wer weiß es gewiss, wer kann es hier verkünden, woher sie entstanden, woher diese Schöpfung kam? Die Götter (kamen) erst nachher durch die Schöpfung dieser (Welt). Wer weiß es dann, woraus sie sich entwickelt hat?*

*Woraus diese Schöpfung sich entwickelt hat, ob er sie gemacht hat oder nicht - der der Aufseher dieser (Welt) im höchsten Himmel ist, der allein weiß es, es sei denn, dass auch er es nicht weiß".*

wurde es in der Figur des Tai Gi (Anfang) dargestellt. Durch das Ineinandergreifen der weißen und schwarzen Felder stellt es die Einheit des Gegensätzlichen dar.

Tai Gi

Später entwickelten sowohl der Taoismus als auch der Konfuzianismus ihre Kosmogonien und Kosmologien.

**Laotse,** auch Lièzĭ oder kurz Meister Lie genannt - ein chinesischer Philosoph des Taoismus um 450 v. Chr. - befasste sich unter anderem mit den kosmogonischen und kosmologischen Fragen in seinem Hauptwerk, dem Buch vom Sinn und Leben, *Tao te King.* Er schrieb darin: *„Jenseits des Nennbaren liegt der Anfang der Welt. Diesseits des Nennbaren liegt die Geburt der Geschöpfe. Darum führt das Streben nach dem Ewig-Jenseitigen zum Schauen der Kräfte, das Streben nach dem Ewig-Disseitigen zum Schauen der Räumlichkeit. Beides hat einen Ursprung und nur verschiedenen Namen. Diese Einheit ist das Geheimnis. Und des Geheimnisses noch tieferes Geheimnis: Das ist die Pforte der Offenbarwerdung aller Kräfte. "*[9]

Richard Wilhelm, der deutsche Übersetzer des *Buches vom Sinn und Leben* kommentiert es: *„Diese Figur (Tai Gi) ist wohl gemeint mit dem großen Geheimnis der Einheit des Seienden und nicht Seienden."*[10] Wilhelm meint, die Vorstellungen Laotse´s gehen noch weiter zurück in das Wu i (Nichtanfang), in dem die *„Unterschiede noch ungetrennt durcheinander sind [...]. Es ist sozusagen die bloße Möglichkeit des Seins, gewissermaßen das Chaos."*[11]

---

[9] Laotse: Tao te king, Anakonda Verlag, Köln 2006, S. 11.
[10] Ebenda, S. 104.
[11] Ebenda.

Hatte sich der Taoismus noch mit den grundsätzlichen Fragen nach der Entstehung der Welt befasst, war die Vorstellung Konfuzius' eine sehr pragmatische. Er fragte weder nach dem Ursprung der Welt, noch plagten ihn Zweifel, ob es eine Außenwelt gibt. Er nahm die Welt als Realität an, in der man sowohl das individuelle wie auch das gemeinschaftliche Leben zu gestalten hatte. Das zentrale Thema seiner Lehren war die zwischenmenschliche Ordnung, die seiner Meinung nach nur durch gegenseitige Achtung der Menschen erreicht werden konnte.

**Mesopotamien**

Für die Babylonier und Assyrer spielte die Deutung der Gestirne eine große Rolle in der Gestaltung des alltäglichen Lebens. Die Sternenkunde hatte dort bereits vor 4000 Jahren ihre Blütezeit erreicht. Das bestätigt sogar die Bibel, indem sie von den Weisen aus dem Morgenland berichtete, die durch die Sternbeobachtung von der Geburt Jesu erfahren hatten.

Ihre Beobachtungen und Entdeckungen haben in vielen Bereichen heute noch Gültigkeit. Bereits die Sumerer, die vor den Babyloniern im südlichen Mesopotamien siedelten, haben ihren Kalender nach astronomischen Konstellationen erstellt. Schon im Altbabylonischen Reich wurde die Aufteilung des Tages in zwei Mal 12 Stunden festgelegt, die auch für uns im Wesentlichen immer noch Gültigkeit besitzt.

Vor etwa 2600 Jahren kannte man in Mesopotamien die wichtigsten Himmelszyklen mit erstaunlicher Genauigkeit. Ihre Deutung hatte neben dem direkten Einfluss auf das alltägliche Leben auch religiöse Relevanz. Aus den Konstellationen der Sterne und Planeten schloss man auf den Willen der Götter geschlossen.

Die babylonische Kosmologie kannte verschiedene Himmelssphären. Die höchste war der Sitz des Hauptgottes Marduk, in der darunter liegenden bewegten sich die Sterne und Planeten.[12]

Auch der biblische Schöpfungsbericht lehnt sich in vielen Bereichen an die mythologischen Vorstellungen der Babylonier über die Entstehung der Welt an. Ebenfalls ist anzunehmen, dass sich Astronomen in der griechischen Antike bei ihren Himmelsbeobachtungen an den Babyloniern orientierten.[13]

## Ägypten

Wie in der babylonischen Kosmologie waren auch im alten Ägypten astronomische Beobachtungen und astrologische Deutungen, die den Alltag beeinflussten, aufs engste miteinander verbunden.

Unter den Gestirnen kam der Sonne ein besonderer Status zu. Der Sonnengott Re war der Herrscher über den Tag, der in seiner Barke den Himmel und in der Nacht das Reich der Dunkelheit überquerte, um am nächsten Tag wieder den Tag zu erhellen. Von ihm leiteten auch die ägyptischen Pharaonen ihren Machtanspruch ab. Sie verstanden sich als direkte Nachfahren des Sonnengottes. Die ägyptische Astronomie und Astrologie lagen fest in den Händen der Priesterschaft. Sie wurden mythologisch gedeutet. Bekannt ist ein Lobgesang des Königs Amenophis IV., der in den Jahren 1375-50 v..Chr. Ägypten regierte:

*Wenn du am östlichen Himmel aufgehst,*
*erfüllst du jedes Land mit deiner Schönheit.*
*Du bist schön, du bist groß,*
*du funkelst, hoch über jedem Lande.*

---

[12]Vgl.: Stuckrad, Kocku von: Geschichte der Astrologie, München 2007, S. 43ff. Vgl. auch: Zinner, Ernst; Entstehung und Ausbreitung der copernikanischen Lehre, München 1988, S.15ff.
[13] Vgl.: Zinner, Ernst;.S. 16ff.

*Deine Strahlen umarmen die Länder*
*Und alles, was du erschaffen hast.*
*Gehst du unter am westlichen Horizont,*
*so ist die Erde finster, als wäre sie tot.*
*Du schaffst die Jahreszeiten,*
*um alle deine Werke entstehen zu lassen,*
*den Winter, um sie zu kühlen,*
*die Glut, damit sie dich kosten.*
*Du hast den fernen Himmel gemacht,*
*um an ihm aufzugehen,*
*um alles zu sehen, was du gemacht hast,*
*du ganz allein,*
*aufgehend, leuchtend,*
*dich entfernend und wiederkehrend.*[14]

Der ägyptische Kalender orientierte sich einerseits an dem Stand der Sonne am Firmament und andererseits an den immer wiederkehrenden Ereignissen an der Lebensader des Landes, dem Nil. Man kannte drei Jahreszeiten. Die jährlichen Überflutungen des Nil, die um den 19. Juli begannen, leiteten das Neue Jahr ein. Dieses Ereignis traf mit dem Erscheinen des hellsten Sterns der nördlichen Hemisphäre, des Sirius, zusammen. Darauf folgte um den 18. November die Zeit der Aussaat und der Vegetation. Sie dauerte bis etwa zum 18. März, wonach die Erntezeit begann.

Das ägyptische Jahr bestand aus 360 Tagen, unterteilt in 36 Dekaden, denen 5 Schalttage folgten. Die Ägypter erkannten zwar im Laufe der Zeit an dem sich verändernden Aufgang des Sirius, dass diese fünf Tage nicht ausreichten, um den astronomischen Gegebenheiten zu entsprechen, nahmen aber keine weiteren

---

[14] Erman, Adolf; Ranke, H.; Ägypten und ägyptisches Leben im Altertum, Tübingen 1923, S.462.

Korrekturen des Kalenders vor. Ihnen verdanken wir auch den 24-Stundentag sowie die Wasseruhr.[15]

## Das Weltbild der Bibel

Die in der Schöpfungsgeschichte der Bibel beschriebene Weltbild entstand einige Jahrhunderte v. Chr. Und, wie bereits erwähnt, wurde sehr stark durch das babylonische Weltbild geprägt. Es sah die Erde als eine Scheibe, die mit einer Art Festung (Firmament) überspant ist. Die Himmelskörper: Sonne, Mond und Sterne sind eine Art Lampen, die an diesem Firmament befestigt sind. Ihre Funktion bestand darin, die Erde zu beleuchten. Das Firmament war mit „Himmelsschleusen" ausgestattet. Durch ihre Öffnung konnte Wasser, das sich hinter dem Firmament befand, als Regen auf die Erde herabfließen. Am Rand der Erdscheibe befanden sich Berge, die diese begrenzten und zugleich das Firmament stützten. Unter der Erde befand sich die Totenwelt und die Hölle.
Die Welt wurde durch Gott am Anfang der Zeiten geschaffen. Er bewohnte mit anderen geistigen Wesen, den Cherubim, Seraphim und Engeln die jenseitige Welt, den Himmel.

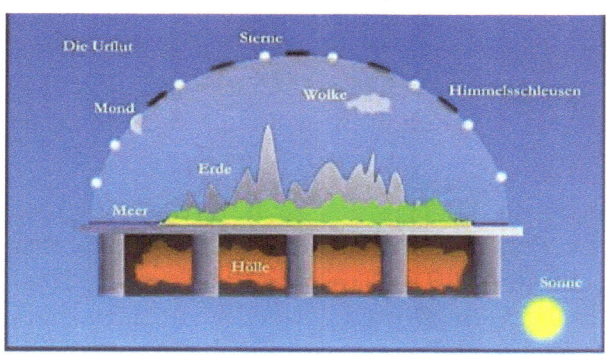

Die Welt des Alten Testamentes Quelle: Antike Weltbilder – Bing images

Da die geschaffene Welt

---

[15] Vgl.: Zinner, Ernst; Entstehung und Ausbreitung der copernikanischen Lehre, München 1988, S. 15.

21

einen Anfang hatte, wird sie auch ein Ende haben. Der Mensch spielte eine besondere Rolle in der Schöpfung, denn er wurde nach dem Abbild Gottes geschaffen. Er steht deshalb in einer besonderen Beziehung zu Gott. Er soll sich die übrige Schöpfung zu Nutze machen und sie beherrschen.[16]

## Minoische Kultur

Die früheste europäische Hochkultur entstand auf Kreta. Sie wird nach dem legendären König Minos die *Minoische Kultur* genannt. Ihre Entstehung reicht bis in die erste Hälfte des dritten Jahrtausends vor Christus. Den ersten Höhepunkt erreichte sie Anfang des zweiten vorchristlichen Jahrtausends in der so genannten älteren Palastperiode, als die Paläste in Knossos, Malia, Phaistos und Petras entstanden sind. Die Minoer bedienten sich einer Schrift, die an die ägyptischen Hieroglyphen erinnerte. In der späteren Phase gab es auch die so genannten Linearschrift A, die wahrscheinlich eine Silbenschrift war. Beide wurden jedoch bisher nicht entziffert, so dass direkte schriftliche minoische Zeugnisse nicht bekannt sind. Die Wissenschaft ist deshalb auf spätere Berichte antiker griechischer Geschichtsschreiber wie Strabon angewiesen. Allerdings berichten diese kaum etwas über die Weltvorstellungen der Minoer. Nur aus einigen ikonographischen Darstellungen kann man darauf schließen, dass sowohl die Sonne als eine Muttergöttin, wie auch der Mond als Gott verehrt wurden.

Da Inschriften sowohl in Ägypten wie auch in Mesopotamien von den Minoern berichten, kann man davon ausgehen, dass diese mit den Reichen am Nil, Tigris und Euphrat intensive Handels- und Kulturbeziehungen pflegten. Es ist deshalb auch anzunehmen, dass die Weltvorstellungen sowohl der Ägypter wie

---

[16] Vgl. Die Bibel, Buch Genesis, Kap. 1 und 2. „Am Anfang schuf Gott Himmel und Erde. ...

auch der Mesopotamier auf Kreta bekannt waren und auch Einfluss auf die dortigen Kosmosvorstellungen ausübten.

## Antikes Griechenland

Das antike Griechenland wurde sowohl durch die mesopotamische wie auch die altägyptische Kultur beeinflusst, hat sie jedoch auf vielfältige Weise weiterentwickelt. Besonders die astronomischen Beobachtungen der beiden älteren Kulturen fanden Eingang in die griechische Kosmologie.

### Vorsokratiker

**Thales von Milet.** Mitte des ersten vorchristlichen Jahrtausends entsteht als erste europäische, die griechische Philosophie. Einer ihrer ältesten Vertreter war Thales von Milet. Er war es auch, der versuchte die Frage nach der Entstehung der Welt zu beantworten. Da wir keine schriftlichen Werke von ihm kennen, sind wir auf die Überlieferungen anderer angewiesen. Aus den Werken von Aristoteles, Diogenes Lertikos und Hippolit von Rom wissen wir, dass Thales das Wasser als Ursprung aller Dinge ansah.[17] Die Tatsache, dass seine Geburtsstadt, Milet, an den Ufern des Mittelmeeres lag, mag dazu beigetragen haben. Andererseits hatte das Wasser als Urstoff des Universums auch schon in den babylonischen und ägyptischen Kosmogonien eine Rolle gespielt. Aristoteles begründet hingegen Thales` Ansicht über das Wasser als Arche = Ursprung alles Seins wie folgt: *„Thales [...] bezeichnet als [...] Ursprung [arché] das Wasser [hydor]. Auch das Land, lehrte er deshalb, ruhe auf dem Wasser. Den Anlass zu dieser Ansicht bot ihm wohl die Beobachtung, dass die Nahrung aller Wesen feucht ist, dass die Wärme selber daraus entsteht und davon lebt; woraus aber jegliches wird, das ist der Ursprung von allem. War dies der eine Anlass zu seiner Ansicht, so*

---

[17] Vgl.: Hirschberger, Johannes: *Geschichte der Philosophie*, Freiburg, Basel, Wien, 11. Auflage, 1979, S. 18.

*war ein andrer wohl der Umstand, dass die Samen aller Wesen von feuchter Beschaffenheit sind, das Wasser aber das Prinzip für die Natur des Feuchten ausmacht. Manche nun sind der Meinung, dass schon die Uralten, die lange Zeit vor dem gegenwärtigen Zeitalter gelebt und als die ersten in mythischer Form nachgedacht haben, die gleiche Annahme über die Substanz gehegt hätten. Diese bezeichneten Okeanos und Tethys als die Urheber der Weltentstehung [...] Ob nun darin wirklich eine so ursprüngliche Ansicht über die Substanz zu finden ist, das mag vielleicht nicht auszumachen sein. Jedenfalls von Thales wird berichtet, dass er diese Ansicht von der obersten Ursache aufgestellt habe. Aristoteles: Metaphysik 983b20f.*[18]

**Anaximander** Ein Zeitgenosse Tales` von Milet, Anaximander, der ebenfalls in Milet lebte, hielt für den Urgrund allen Seins das Apeiron. Ma könnte es ins Deutsch mit *das unbestimmte Unendliche oder unendlich Unbestimmte* übersetzen. Die Archè, der Urgrund muss unbestimmt sein, denn nur aus einem Unbestimmten kann alles andere (die große Vielfalt) entstehen. Aus diesem Unbestimmten hatte sich, nach Anaximander, alles andere, auch jegliche Gegensätze im Laufe eines langen Prozesses herausgebildet.[19]

**Anaximenes** Ein Schüler von Anaximander, Anaximenes, hielt die Luft für den Urgrund allen Seins. Durch Verdichtung bzw. Verdünnung sei aus der Luft alles andere entstanden.[20]

**Empedokles** Ein anderer Vorsokratiker, Empedokles führt den Ursprung allen Seins auf vier Elemente zurück, die er Wurzeln des Seins nennt. Es sind Feuer, Wasser, Luft und Erde.[21] Sie sind unveränderbar und können sich auch nicht ineinander verwandeln. Sie füllen den gesamten Kosmos, denn es kann kein

---

[18] Zitiert nach Wikipedia, Thales von Milet, am 7. März 2017.
[19] Vgl. Hirschberger, Johannes; S. 20f.
[20] Vgl.: Hirschberger, Johannes; S. 22.
[21] Vgl.: Hirschberger, Johannes; S. 39.

Vakuum geben. Sie waren immer schon da. Es gibt keine Entstehung aus dem Nichts und man kann sie auch nicht endgültig vernichten. Die Vielfalt, die man alltäglich wahrnimmt, entsteht durch die verschiedenen Mischungen der Grundelemente untereinander, was ihre Menge und Verhältnis zueinander betrifft.

**Heraklit.** Ist für Empedokles alles stabil und unveränderbar, finden wir bei Heraklit, der einige Jahrzehnte vor ihm lebte, das Gegenteil. Nichts ist stabil, alles ist im Fluss. Wenn man in einen Fluss hinabsteigt, steigt man in einen ständig anderen Fluss, denn das an einem vorbeiströmende Wasser ist immer ein anderes. Der Kosmos ist stets im Werden. Der Ursprung allen Werdens ist für Heraklit das Weltfeuer.[22] Aus ihm entstehen andere Grundelemente, wie z.B. auch das Wasser. Bekannt ist der Ausspruch, der Heraklit zugeschrieben wird: *„panta rei"* alles fließt.

**Demokrit.** Zu den späten Vorsokratikern zählt auch Demokrit. Ihm verdanken wir den Begriff *Atom*, das griechische Wort ἄτομος (atomos) = bedeutet *unteilbar*. Er meinte, die Welt bestehe aus kleinsten unteilbaren materiellen Partikeln, die er Atome nannte. Es gibt unzählige solche Teilchen, die sich voneinander in Größe und Form unterscheiden. Die Atome sind rund, eckig, glatt oder rau. Die ganze Wirklichkeit setzt sich aus diesen Atomen zusammen.[23] Nicht nur die Formen, der aus den Atomen bestehenden Körper, wie Wasser, Erde, aber auch Lebewesen wie Tiere und Menschen, sondern auch Sinneswahrnehmungen wie Farben lassen sich auf die „atomare" Struktur der Dinge zurückführen. Ja sogar die Seele ist nichts anderes als die Ansammlung der materiellen Seelenatome. Demokrit wird folgende Aussage zugeschrieben: *„Nur scheinbar hat ein Ding eine Farbe, nur scheinbar ist es süß oder bitter; in Wirklichkeit*

---

[22] Diogenes Laertios 9,6 In  Die Fragmente der griechischen Historiker 244 F 340a. Vgl. auch Hirschberger Johannes; S. 27.

[23] Vgl.: Hirschberger, Johannes; S. 43.

*gibt es nur Atome im leeren Raum.*"[24] Die Atome unterscheiden sich nicht der Beschaffenheit nach voneinander, sondern nur der Form nach. Sie besitzen die Form eines regelmäßigen geometrischen Körpers wie Kugel, Würfel, Zylinder oder Pyramide. Deshalb unterscheiden sich auch die Körper, die sich aus den Atomen zusammensetzen, nicht qualitativ sondern nur quantitativ voneinander. Für Demokrit gibt es deshalb auch kein sich qualitativ von der Materie unterscheidendes geistiges Prinzip, wie es sein etwas früher lebende Zeitgenosse Anaxagoras annahm. Im Gegensatz zu Anaxagoras meinte er auch: Stirbt ein Mensch, so strömen die Seelenatome aus ihm heraus und können sich einer sich neuformierenden Seele anschließen. Man könnte es auch eine Art Wiedergeburt nennen. Was den Makrokosmos betrifft, vertrat Demokrit die Meinung, dass die Erde keine Scheibe ist, sondern eine ovale Form habe. Einige Wissenschaftler sind der Meinung, dass er fast zwei Jahrtausende vor Galileo die Ansicht vertrat, auf dem Mond gebe es Täler und Berge, die Milchstraße sei eine Anhäufung der Sterne und der Kosmos sei unendlich.

**Anaxagoras.** Als er im Jahre 466 einen Meteor als Feuerkugel am Himmel beobachtete, brachte er ihn mit der Sonne in Verbindung, indem er meinte, dass er von der Sonne kam, die eine Kugel aus glühendem Eisen sei. Er erläutert auch als erster wie Sonnen- und Mondfinsternisse entstehen. Das brachte ihm die Anklage wegen Gottlosigkeit ein. Für Anaxagoras war die Erde jedoch noch flach.[25] Ihm wird auch die Aussage zugeschrieben: *„Der Geist ist als einziges mit keiner anderen Sache vermischt, daher existiert nur er für sich selbst. Er ist unendlich und herrscht selbständig. Er ist die feinste und reinste von allen Sachen, hat von allem Kenntnis und besitzt die größte Kraft. Der*

---

[24] Capelle, Wilhelm: Die Vorsokratiker, Leipzig 1935, S. 399.
[25] Vgl.: Zinner, Ernst; Entstehung und Ausbreitung der copernikanischen Lehre, München 1988, S. 3.

*Geist ist nicht nur Ursache der kosmischen Kreisbewegung, er hat auch alles geplant und arrangiert. "*[26]

**Philolaos.** Der Pythagoreer Philolaos von Kroton - er lebte in der gleichen Zeit wie Sokrates, wird aber zu den Vorsokratikern gezählt - vertrat die Meinung, dass in der Mitte des Weltalls sich das Feuer der Hestia[27] befinde, das er auch als den Herd der Welt bezeichnet. In zehn Sphären um diese Weltmitte drehen sich auf kreisrunden Bahnen die Planeten, wozu auch die Sonne gehört. Die Sonne selbst leuchtet nicht aus eigener Kraft, sondern spiegelt das Licht des Feuers der Hestia und wirft das Licht auf alle anderen Planeten und die Fixsterne. Diese Darstellung ist insoweit interessant, als sie nicht die Erde in die Mitte des Weltalls stellt. Philolaos wurde deshalb auch der Vorwurf der Gottlosigkeit gemacht.[28] Interessant ist auch Philolaos´ Ansicht zur Entstehung des Universums, wonach es sich von der Mitte aus, also von dem Zentralfeuer, in allen Richtungen gleichmäßig ausgebreitet haben soll. Man kann hier im gewissen Sinn von dem „Urknall" der griechischen Philosophie sprechen.

**Sokrates und seine Nachfolger**

**Sokrates.** Mit Sokrates, seinem „geistigen Sohn" Platon und dem „geistigen Enkel" Aristoteles erreicht die alt-griechische Philosophie ihren Höhepunkt. Sokrates verstand sich als eine Art „geistige" Hebamme. Durch gezieltes Fragen versuchte er, die Menschen anzuregen über sich selbst und die Welt nachzudenken. Im Mittelpunkt seiner Philosophie stand der Mensch.[29] Da

---

[26] Vgl.: Rapp, Christof: Vorsokratiker. München 1997, S. 206. Und Hirschberger, Johannes, S. 49.; Vgl. auch Zinner, Ernst; S. 4.

[27] In der griechischen Mythologie ist Hestia die Göttin des Familien- und Staatsherdes und des Familienfeuers. In der Philosophie der Pythagoreer wird sie gleichgesetzt mit dem Zentralfeuer des Weltalls, um das alle Planeten einschließlich der Sonne kreisen.

[28] Vgl.: Zinner, Ernst; S. 2-3.

[29] Vgl.: Hirschberger, Johannes; S.59f.

Sokrates selbst keine schriftlichen Werke verfasste, gibt es Berichte über seine philosophischen Vorstellungen nur aus zweiter Hand. Weil seine Philosophie das Leben der Menschen und die Werte, die das Zusammenleben bestimmten, in den Vordergrund stellte, gibt es kaum Überlieferungen über das uns hier interessierende Verständnis des Kosmos als solchen. Wichtig ist er dennoch, denn seine Art und Weise durch gezielte Fragen Menschen zum Nachdenken zu bewegen, hat die nachfolgenden Generationen, insbesondere seine Schüler nachhaltig geprägt.

**Platon.** Erst dem wichtigsten Schüler von Sokrates Platon verdanken wir ein umfassendes System über den Urgrund der Welt. Er gründete in Athen eine eigene Schule, die berühmte Akademie, in der er viele Schüler um sich versammelte. Hier entstanden auch die meisten seiner Werke. Seine kosmogonisch-kosmologischen Vorstellungen legte Platon im Wesentlichen in seinem Werk *Timaios* dar. Dieses Werk beeinflusste und prägte auch später nachhaltig das Weltbild des Abendlandes. Platon teilt die Wirklichkeit in die Welt der Ideen und die sichtbare Welt, die nur ein Abbild der Ideenwelt ist. Die eigentliche Wirklichkeit ist dabei die Welt der Ideen an der die sichtbare Welt nur einen Anteil hat. *„Für Platon sind die Ideen etwas ‚Ewiges‘, d.h. Zeitloses. Ferner bilden sie die obersten Strukturpläne der Welt, ohne ihrerseits davon abhängig zu sein. Sie sind das Sein des Seienden oder, um im Bild zu sprechen, das Herz aller Dinge. (…) Platon würde sagen, die materielle Welt lebt nur von der Gnade der Idee.“*[30] Jeder konkrete Gegenstand ist nur ein unvollkommenes Abbild einer entsprechenden Idee. Die sichtbare Welt verdankt ihre Existenz der Güte Gottes. Wobei dieser als Demiurg[31] die materielle Welt nicht aus dem Nichts schuf,

---

[30] Hirschberger, Johannes; S. 99.

[31] Demiurg (gr. δημιουργός dēmiourgós = Handwerker) war in der Antike, insbesondere im Platonismus, die Bezeichnung für den Schöpfergott, der wie ein Handwerker nach einem festen Plan aus bereits vorhandenen Materie den Kosmos erzeugt.

sondern aus der bereits existierenden Materie, die sich jedoch in einem Zustand des Chaos befunden hatte. Im ersten Akt bildete der Demiurg die Weltseele. Sie ist ein „Gemisch" aus der unteilbaren und ewig nicht veränderbaren Wirklichkeit der Ideen und der teilbaren, ständigen Veränderungen unterworfenen Wirklichkeit der sichtbaren Welt. Die Weltseele ist wie die Menschenseele vom Körper umkleidet, der Materie des Kosmos. Sie formt mit ihrer inneren Kraft den Kosmos und schichtet ihn in mehrere Sphären, angefangen von der unbelebten Materie über die Pflanzen- und Tierwelt bis zum Menschen und der Welt der geschaffenen Götter. Und je höher man steigt in den Schichten der Welt, umso deutlicher tritt die Seele (νοῦς, nous) in Erscheinung. Das Universum war für Platon eine Art lebendiger Organismus.[32] Platon vertrat die Meinung, *„dass die Welt nicht aus sich selbst besteht, sondern abhängig ist von einem Weltgrund, der nun allerdings durch sich selbst ist."*[33] Die Materie, aus der die sichtbare Welt besteht, setzte sich ihrerseits aus regulären Polyedern zusammen. Die festen Körper, wie die Erde, bestehen aus Hexaedern, die wir populär auch Würfel nennen. Das Feuer hingegen, weil es so „scharf" sei, muss aus den spitzesten und schärfsten Polyedern, den Tetraedern bestehen. Die Luft setzt sich aus Oktaedern und das Wasser aus Ikosaedern zusammen.[34] Die Grundfläche all dieser Grundkörper ist das Dreieck, das zugleich die einfachste Fläche, die Urfläche ist. Das Dreieck ergibt sich aus Linien und diese wiederum aus Punkten. Letztendlich leitet Platon die Materie von den Urdreiecken ab. Sie sind quasi die Urteilchen der Materie.

---

[32] Vgl.: Hirschberger, Johannes; S.139ff.
[33] Hirschberger, Johannes; S. 141.
[34] Tetraeder, sind Körper, deren Oberfläche aus vier Dreiecken besteht; Hexaeder aus sechs Quadraten, bekannt auch als Würfel; Oktaeder aus acht Dreiecken; Ikosaeder aus zwanzig Dreiecken.

Was Platon im kosmologischen Maßstab über die Welt sagte, übertrug er auch auf den Menschen. Wie der Kosmos von einer Weltseele bewegt wird, ist auch der Mensch von einer Seele belebt und innerlich bewegt. Jede menschliche Seele wurde vom Demiurgen erschaffen und ist unsterblich. Sie ist individuell und eigenartig. Die Seele macht den Menschen zu dem was er ist, zu einem einmaligen, denkenden Wesen. Sie ist immateriell und unsterblich. Neben ihrer geistigen Funktion ist sie auch noch das Bewegungs- und Lebensprinzip. Sie ist grundverschieden vom Körper des Menschen, den sie nur wie eine Art Gefährt benutzt. Der Tod ist das Ende dieser Verbindung. Die Seele verlässt den Körper und kehrt zu den Göttern zurück, wo ihr der Demiurg in den Weiten des Weltalls einen Stern zugewiesen hat, der ihre eigentliche Heimat ist. Es gibt deshalb so viele individuelle Seelen wie es Sterne gibt.

Die Kosmogonie und Kosmologie Platons hatte großen Einfluss auf die späteren Sichtweisen auf den Kosmos und den Menschen. Über seinen großen Schüler Aristoteles und den späteren Neoplatonismus fand er Eingang in die christliche Theologie und Philosophie, die ihrerseits Jahrhunderte lang das abendländische Bild der Welt und des Menschen prägte.

**Aristoteles.** In seiner ersten Phase, die den Zeitraum seines Aufenthaltes auf der platonischen Akademie umfasst, übernahm Aristoteles im Wesentlichen die Lehren seines von ihm hoch verehrten Lehrers Platon. Er vertrat in dieser Zeit den platonischen Dualismus mit der Welt der Ideen und der sichtbaren Welt als Abbild der ersten. Seele und Leib sind für ihn zwei verschiedene Substanzen. Die Seele ist unsterblich im Gegensatz zum Leib. Nach dem Tod Platons verlässt Aristoteles die Akademie und wird immer kritischer in Bezug auf die platonische Ideenlehre. Bald danach wurden auch die Grundgedanken seines eigenen Weltbildes erkennbar.

Für Aristoteles ist die Welt ein Ort der Bewegung. Da jede Bewegung eine Ursache haben muss, führt er die Existenz des *ersten unbewegten Bewegers*[35] ein. Von diesem hängen jegliche Bewegungen in der Welt ab. Die aristotelische Welt besitzt die Gestalt einer Kugel. In der Mitte befindet sich die Erde, um die sich die übrige Welt dreht. Der Kosmos ist unterteilt in 56 konzentrische Sphären. Mit den vielen Sphären wollte Aristoteles den beobachteten Bewegungen der sieben damals bekannten Planeten Rechnung tragen, die bekanntlich im geozentrischen Weltbild keine regelmäßigen Kreisbewegungen vollziehen. Die äußerste Sphäre ist die Sphäre der Fixsterne, die von dem *ersten unbewegten Beweger* direkt bewegt wird. Es ist der Himmel. Diese äußerste Sphäre teilt ihre Bewegung den inneren Sphären mit. Mit der Bewegung ist auch die Zeit strikt verbunden. Nur durch Bewegungen nehmen wird die Zeit wahr. Indem wir die verschiedenen Stadien der Bewegung beobachten, stellen wir das zeitliche vor und nachher fest.

Wie viele seiner Vorgänger kannte Aristoteles die vier Grundelemente: Feuer, Wasser, Luft und Erde. Diesen fügt er noch ein fünftes hinzu, den Äther. Diese Elemente unterscheiden sich nicht nur quantitativ voneinander, wie bei Demokrit, sondern sie sind selbst Qualitäten. Der Äther ist der Baustoff aus dem die Gestirne bestehen, die ewig und unvergänglich sind. Sie bilden die Welt hinter dem Mond, das Jenseits.

Die Welt ist ewig. Sie war immer schon da. Auch die verschiedenen Arten des Seins, einschließlich des Menschen sind ewig. Veränderbar ist nur das Individuum, das Einzelwesen. Darin

---

[35] Der erste unbewegte Beweger ist mit folgenden Attributen ausgestattet: Er ist ewig, da er die ewige Kreisbewegung des Universums verursacht. Er ist reine Wirklichkeit. Er ist frei von Materialität und damit auch frei von jeglicher Veränderung. Er ist nicht aus Form und Stoff. Er ist als oberstes Prinzip reiner Geist.

unterscheidet sich Aristoteles von seinem großen Lehrer Platon, der noch von der Schöpfung der Welt durch den Demiurgen überzeugt war.

Auf die Frage: Was macht aber das Innerste alles Seienden aus, antwortet Aristoteles mit einem eigenen Stoff-Form-System, das man später den Hylemorphismus nennen wird.[36] Alles Werden ist gesteuert durch die Form (gr. μορφή, morphe). Sie ist die Seele jeden Geschehens und Seins. In dieser Hinsicht ähnelt sie der platonischen Idee. Aber im Gegensatz zum Platonismus ist die aristotelische Form dem Körper immanent. Sie hat nicht ihre eigene Existenz im Reich der Ideen. Die konkrete, sichtbare Welt ist nicht mehr nur ein Abbild der Ideenwelt. Die Idee, die Form ist in der Welt. Die sichtbare Welt ist nicht mehr quasi ihre sekundäre Substanz. Sie ist die primäre Substanz. Sie ist die Realität in Raum und Zeit. Form und Materie bilden eine Einheit. Sie sind im gewissen Sinn untrennbar.[37] Alles was in Raum und Zeit existiert, ist eine Zusammensetzung aus Materie und Form. Wobei die Materie mehr das Individuelle, die Form das Allgemeine der Dinge bestimmt. Eine besondere Bedeutung bekam der Hylemorphismus bei der aristotelischen Interpretation des Lebens. Die Seele ist die Form des Leibes. Die Seele macht jegliches Lebewesen zum belebten Wesen. Seele haben, meint hier, das Leben haben. Mit Seele ist hier also nicht nur die Bewusstseinserscheinung gemeint, sondern das Lebensprinzip im weitesten Sinne des Wortes. Mit Lebewesen sind hier Menschen genauso wie Tiere und Pflanzen zu verstehen. Aristoteles unterscheidet aber drei Seelenstufen: die vegetative Seele, die für das Wachstum, die Nahrungsaufnahme und Fortpflanzung zuständig ist. Sie findet man bereits in der Pflanzenwelt. Die zweite Stufe ist die Sinnesseele, sie beinhaltet die vegetative Seele in sich, hat aber auch noch die Fähigkeit zu Sinnesempfindungen

---

[36] Hirschberger, Johannes; S. 193.
[37] Hirschberger, Johannes; S. 195.

und Ortsbewegungen. Das ist die Seele der Tierwelt. Und dann gibt es noch die Geistseele, die den Menschen zum Menschen macht, mit allen seinen Fähigkeiten. Die menschliche Seele unterscheidet sich von den beiden anderen darin, dass sie nicht geschaffen wurde, sondern präexistierte. Sie stirbt auch nicht mit dem Tod des Menschen, im Gegensatz zu der Sinnesseele, die mit dem tierischen Leib stirbt. Die Menschenseele ist unsterblich, darin ähnelt die Lehre Aristoteles' der dualistischen Lehre seines Lehrers Platon.[38]

Die Lehre Aristoteles' hatte großen Einfluss auf die christliche Philosophie und Theologie des Mittelalters wie sie z.B. Thomas von Aquin vertrat. In der Neuzeit wurde das aristotelische Weltbild stark kritisiert, weil es durch seinen Geozentrismus lange die kopernikanische Wende verhindert habe.

## Hellenismus und Römische Kaiserzeit

**Aristarchos von Samos.** Eine der interessantesten Gestalten der frühen hellenistischen Zeit ist Aristarchos von Samos. Er gehörte zu den Schülern der noch von Aristoteles gegründeten Peripatos, der aristotelischen Schule von Athen. Als einer der ersten vertrat er das heliozentrische Weltbild: Nicht die Erde war für ihn der Mittelpunkt des Universums, sondern die Sonne. Zu dieser Ansicht kam er durch konkrete astronomische Beobachtungen und nicht durch philosophische Spekulationen. Archimedes schrieb später über Aristarchos: *„Seine Thesen sind, dass die Fixsterne und die Sonne unbeweglich sind, dass die Erde sich um die Sonne auf der Umfangslinie eines Kreises bewegt, wobei sich die Sonne in der Mitte dieser Umlaufbahn befindet."*[39] Leider

---

[38] Ebenda, S. 214.
[39] Vgl. Erhardt, R. von; Erhardt-Siebold, E. von, Archimedes' Sand-Reckoner. Aristarchos and Copernicus. In: Isis. 33, 1942, S. 578–602. Vgl. Auch Zinner, Ernst; S. 9.

konnte sich das Weltbild des Aristarchos von Samos bei seinen Zeitgenossen nicht durchsetzen. Im Gegenteil, er selbst wurde deswegen wegen Gottlosigkeit angeklagt. Man argumentierte u.a. mit der Beobachtung, dass die Gegenstände, die man in die Luft wirft durch die Bewegung der Erde, die sich quasi unter ihnen weiterdreht, nicht Richtung Westen abdriften. Das müsste aber der Fall sein, wenn sich die Erde drehen würde. Es dauerte noch ca. 1800 Jahre bis es zu der so genannten Kopernikanischen Wende kam.[40]

**Hipparch** ist einer der größten Sternforschern der griechischen Antike. Zu seinen Hauptforschungen gehörten die Berechnungen zu den Distanzen im Universum, wie z. B. die Größe und Entfernungen von Sonne und Mond. In Anlehnung an frühere Berechnungen legte er die Dauer des Jahres auf 365,25 Tage fest.[41]

**Ptolomäus.** Das geozentrische Weltbild, das bis zur Kopernikanischen Wende vorherrschte, hatte der griechische Astronom und Philosoph Claudius Ptolomäus, der im 2. nachchristlichen Jahrhundert lebte, zwar nicht erfunden - es war seit Jahrhunderten Allgemeingut im griechisch-römischen Kulturraum - er hat es aber ziemlich detailliert beschrieben. Weshalb man es auch das Ptolomäische Weltbild nannte. Er übernahm das bis dahin vorherrschende Weltbild, wonach die Erde die Mitte des Universums bildet. Um die Erde drehen sich auf perfekten runden Bahnen die Sonne, der Mond und die anderen damals bekannten Planeten. Um die beobachtete teilweise rückwertige Bewegung der Planeten zu erklären, ließ er die Himmelskörper auf ihren Bahnen zusätzliche Kreise drehen, die er Epizykel nannte.

Ptolemäus verfasste seine Gedanken zur Astronomie und Mathematik in 13 Büchern, die uns unter dem Namen Almagest bekannt sind. Sie waren bis zum Ende des Mittelalters ein

---

[40] Zinner, Ernst; S. 11.
[41] Vgl.: Zinner, Ernst; S. 29.

Standardwerk der Astronomie. Aus ihnen erfahren wir auch das meiste über die Forschungen von Hipparch.

## Mittelalterliche Kosmologie

Das mittelalterliche Bild des Universums entsprach weitgehend den Vorstellungen der Antike. Die Unterschiede der verschiedenen Vertreter des Mittelalters bestanden allenfalls in der Anordnung der verschiedenen Himmelssphären.

Im 12. Und 13. Jahrhundert setzte sich dann weitgehend die Sicht des Aristoteles durch, als seine Werke durch Übersetzungen aus der byzantinischen und vor allem islamischen Welt bekannt wurden. Das antike Weltbild wurde jedoch im christlichen Abendland - dem Schöpfungsbericht der Bibel entsprechend – biblisch-theologisch untermauert und bekam dadurch den Status eines informellen Dogmas.

Zu den bekanntesten Vertretern dieses Weltbildes gehörten Albertus Magnus und sein Schüler Thomas von Aquin. Sie ließen den sphärischen Aufbau des Weltbildes, wie es bereits die Antike annahm weitgehend bestehen.

Die Mittelalterliche Sicht des Universums
Quelle: Ralf Roleček - Eigenes Werk, https://commons.wikimedia.org/w/index. php?curid=22463820

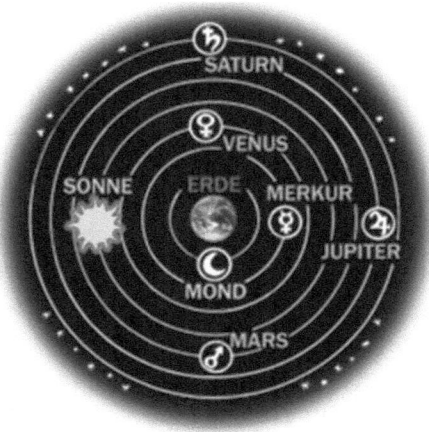

In dieser kosmologischen Sicht stand die unbewegliche Erde in der Mitte. Sie bekam dadurch das Attribut einer Sonderstellung im Kosmos. Die Erde bildete seinen Mittelpunkt. Sie war etwas

Einmaliges im ganzen Universum. Um sie herum wurden in konzentrischen Kreisen die Himmelssphären angeordnet, in denen sich die anderen Planeten und die übrigen Himmelskörper bewegten. Die Äußerste Sphäre war Gott vorbehalten. Die Erde selbst bestand aus den drei Kontinenten, die man damals kannte: Europa, Afrika und Asien. Nachdem Ende des 15. Jahrhunderts Amerika entdeckt wurde, bekam das Bild erste Risse, die sich im Laufe des 16. Jahrhunderts auch auf die Zentralstellung der Erde im Kosmos ausdehnten.

**Albertus Magnus (1200-80)** war ein Universalgelehrte, Philosoph, Theologe, Jurist, Naturwissenschaftler, Mönch und Bischof. Sein Hauptverdienst für die Nachwelt war, die Begründung der christlichen Aristotelik und damit der Hochscholastik. Dank Albertus Magnus lernten spätere Generationen die Literatur der griechischen Antike kennen. Er setzte sich dafür ein, dass die von der christlichen Welt als heidnisch abgelehnten Werke des Aristoteles in den schulischen Kanon aufgenommen wurden. Ebenfalls groß sind seine Verdienste in den Naturwissenschaften, wie Mineralogie, Biologie, Chemie und Geografie.

**Thomas von Aquin(1225-74)** war ein Schüler des Albertus Magnus, bei dem er mit der aristotelischen Lehre konfrontiert wurde und die er dann später mit der christlichen Theologie in Verbindung brachte. So setzte er z.B. den aristotelischen *Ersten Unbewegten Beweger* mit dem christlichen Gott gleich. Thomas von Aquin übernahm auch die Lehre des Aristoteles von der Materie und Form (Hylemorphismus), die er mit der christlichen Dogmatik in Einklang brachte. Danach entstehen konkrete Dinge dadurch, dass die Materie durch die Form bestimmt wird. Raum und Zeit sind untrennbar mit der Materie verbunden. Thomas von Aquin unterscheidet bei den Dingen die Substanz und die Akzidenzien. Nur die Substanz hat ein eigenständiges Sein, dem Akzidenz kommt nur ein Mit-Sein an der Substanz zu. Auch in dieser Hinsicht folgt Thomas von Aquin der aristotelischen Lehre. Übertragen auf den Menschen bedeutet das, dass die Seele die Form des Körpers (Materie) ist. Da die Seele eine einfache Substanz ist, kann sie nicht zerstört werden. Sie ist damit unsterblich. In seiner Philosophie, die er als eine Art natürliche Theologie betrachtete, legte Thomas von Aquin dar, dass Vernunft und Glaube an Gott sich nicht widersprechen. Er legte seine Lehre in seinem Hauptwerk der *Summa Theologiae* dar.

**Johannes Duns Scotus** lebte in der zweiten Hälfte des 13. Jahrhunderts. In seiner Theologie und Philosophie versuchte er in feinsinniger Weise die Lehren des Aristoteles´, Augustinus´ und der Franziskaner miteinander zu verbinden. Im Gegensatz zu Aristoteles und Thomas von Aquin behauptete er, dass es auch Materie ohne Form gibt. (Die Ursprunsmaterie). Ebenfalls lehnte er den Hylemorphismus in seiner extremen Form ab, wonach alles Seiende aus Materie und Form besteht. Scotus vertrat die Auffassung, dass der Körper vor und nach dem Tod dieselbe Substanz mit einer eigenständigen Form ist. Ebenso sei die Seele eine eigenständige Form, die den Körper belebt und im Tod als etwas Selbständiges den Körper verlässt.

## Die kopernikanische Wende

**Nikolaus von Kues (Cusanus).** Bereits im 15. Jahrhundert vertrat der Universalgelehrte und Kardinal Nikolaus von Kues - dessen Philosophie im Gegensatz zu Thomas von Aquin auf dem Platonismus fußt - die Meinung, dass das Universum keine Grenzen habe und die Erde nicht in seinem Mittelpunkt stehe. Darüber hinaus ruhe die Erde nicht, sondern bewege sich. Dennoch sei die Erde ein „edler Stern", der nicht minderbedeutend ist als die anderen Himmelskörper. Mit diesen Gedanken brach Cusanus mit dem geozentrischen System seiner Zeit.[42] Das bedeutete aber

---

[42] Vgl.: Jacobi, Klaus (Hrsg.): *Nikolaus von Kues. Einführung in sein philosophisches Denken*, Freiburg 1979, S. 131–133; und Flasch, Kurt: *Nikolaus von Kues. Geschichte einer Entwicklung*, Frankfurt/Main 1998, S. 100.

keineswegs, dass Cusanus ein heliozentrisches System annahm. Für ihn hatte das Universum kein Zentrum. Im *Dialogus de genesi* (Dialog über das Werden) behandelt Cusanus die Frage nach der Entstehung des Alls und dem Ursprung des Seins alles Seienden. Eine besondere Rolle spielte dabei der Koinzidenzgedanke („coincidentia oppositorum"), das Zusammenfallen von Gegensätzen zu einer Einheit. Er wendet diese Herangehensweise in der Frage nach dem Urgrund des Werdens an, das zugleich der Ursprung alles Seienden sei. Dieser Urgrund sei für ihn die absolute Einfachheit. Und dennoch lehre uns die alltägliche Erfahrung, dass es eine unendliche Vielfalt in der Welt gebe. Sie müsse also bereits in der Einfachheit vorhanden sein. Kurz gesagt, das Einfache ist zugleich auch das Vielfältige. Die Lehre von der absoluten Einfachheit, die am Anfang alles Seins steht, hat große Ähnlichkeit mit dem, was wir heute die Singularität des Urknalls nennen.

**Nikolaus Kopernikus.** Erst kurz vor seinem Tod 1543 veröffentlichte der in heute polnischen, damals zum Preußischen Bund gehörenden Thorn geborene Kopernikus sein Buch „De revolutionibus orbium coelestium", das im wahrsten Sinne des Wortes die Astronomie nachhaltig revolutionierte.

Eine Seite aus dem Werk des Kopenikus *"De revolutionibus orbium coelestium"*.

38

Darin entwarf er seine Theorie von dem Aufbau des Universums, die weitgehend auch heute noch seinen Bestand hat. Nicht die Erde steht im Mittelpunt des Universums, sondern die Erde und die anderen Planeten bewegen sich auf kreisrunden Bahnen um die Sonne.

Es ist kein Zufall, dass Kopernikus seine Theorie erst kurz vor seinem Tod veröffentlichte. Sie widersprach dem mittelalterlichen Weltbild von der Sonderstellung der Erde, das in der christlichen Sicht eine Art Dogmenstatus hatte. Wahrscheinlich in der Hoffnung, dass sein umstrittenes Werk dennoch Anerkennung bei der kirchlichen Autorität findet, widmete er sein Buch Papst Pius III. Und in der Tat, die kopernikanische Theorie wurde von weiten Kreisen der damaligen Öffentlichkeit abgelehnt; sowohl die Katholische Kirche wie auch die Reformatoren lehnten sie einhellig ab. Es ist dennoch erstaunlich, dass sie zunächst nicht als Ketzerei verdammt wurde. Vielleicht verdankt sie das der Tatsache, dass sie als eine Spinnerei eingestuft wurde. Schien sie doch dem gesunden Menschenverstand zu widersprechen. Würde sich die Erde bewegen, wie Kopernikus es postulierte, müsste man doch den Fahrtwind spüren, argumentierten die Gegner der kopernikanischen Theorie.

Auch wenn das kopernikanische System jahrzehntelang vor allem seitens der Kirchen abgelehnt wurde, setzte es sich bei den Naturwissenschaftlern nach und nach durch.

**Giordano Bruno.** Nicht so glimpflich erging es Giordano Bruno, der allerdings die kopernikanische Theorie um einige andere Elemente erweiterte. Für ihn war das Universum unendlich und bestand ewig[43]. Dies konnte die römisch-katholische Inquisition nicht akzeptieren. Auch noch wegen anderer Ansichten wurde Giordano Bruno der Ketzerei beschuldigt und 1600 auf dem Scheiterhaufen verbrannt. Es dauerte ganze 400 Jahre bis ihn Papst Johannes Paul II. im Jahr 2000 rehabilitierte.

---

[43] Vgl.: Zinner, Ernst; S. 334.

**Galileo Galilei.** Das kopernikanische System basierte zunächst auf reinem Rechenmodell. Erst 70 Jahre später lieferte Galileo Galilei erste überzeugende Argumente, die auf Beobachtungen beruhten. Er benutzte bei seinen Beobachtungen das Fernrohr. Auch er wurde, wie Giordano Bruno, von der Kirche der Häresie beschuldigt und zum Widerruf seiner Theorien aufgefordert. Er tat es. Bis heute streiten sich die Historiker darüber, ob sein Widerruf ehrlich oder nur vorgegaukelt war. Berühmt sind die Worte, die ihm in den Mund gelegt werden: *„Und sie bewegt sich doch."*

Zur Verbreitung und Ergänzung des kopernikanischen Systems trugen auch der dänische Astronom Tycho Brahe und sein Assistent Johannes Kepler bei.

Den ersten eindeutigen physikalischen Nachweis aber erbrachte erst 1728 James Bradley mit der Entdeckung der Ablenkung (Aberration) des Lichtes.

## Die Neuzeit

**René Descartes (Cartesius 1596 - 1650)** war ein französischer Philosoph, Mathematiker und Naturwissenschaftler. Sein rationalistisches Denken wird Cartesianismus genannt. Von ihm stammt der berühmte Spruch: *cogito ergo sum (Ich denke, also bin ich.)*. Dieser Spruch wurde zur Grundlage all seiner Überlegungen. Er geht von zweien voneinander verschiedenen Substanzen - Geist und Materie - aus, die miteinander in einer Wechselwirkung stehen. In seinen naturwissenschaftlichen Anschauungen lehnt er das Gravitationsprinzip als auch das teleologische (zielorientierte) Weltbild des Aristoteles ab und ersetzt es durch ein kausalistisches. In seiner mechanistischen Denkweise ergibt sich alles notwendig durch Druck und Stoß. In seinem 1644 erschienenen Werk *Principia philosophiae* beschäftigt sich Descartes mit den wesentlichen Eigenschaften der Materie und stellt elementare Naturgesetze auf. Für Descartes ist einer der wesentlichen

Eigenschaften der Materie ihre räumliche Ausdehnung. Diese äußere Eigenschaft ist klar und deutlich wahrnehmbar im Gegensatz zu den inneren Charakteristiken, wie Härte und Gewicht. Aus der räumlichen Natur der Materie resultierten zwei weiteres Postulate: Es kann kein Vakuum geben, denn es kann keinen Raum ohne Materie geben. Und: die Materie ist unendlich, denn über jedem noch so großen Raum hinaus ist stets ein noch größerer vorstellbar. Dieser unbegrenzte Raum enthält auch eine endlos ausgedehnte körperliche Substanz. Es gäbe auch keine Atome also unteilbare Teilchen, denn jeder noch so kleine materielle Körper kann noch gedanklich geteilt werden.

Man kann sich vorstellen, dass all diese Anschauungen nicht ohne Widerspruch der Kirche blieben. Seine Bücher wurden 1663 vom Vatikan auf den *Index Librorum Prohibitorum*[44] gesetzt. Es verhinderte dennoch nicht, dass sich seine Ideen weiter ausbreiteten.

**Gottfried Wilhelm Leibniz (1646-1716).** Befassten sich die oben erwähnten Gelehrten mehr mit dem Makrokosmos, entwickelte Leibniz die Monadologie, eine Theorie, die sich mit dem Aufbau der Dinge in sich befasst. Der Begriff Monade leitet sich vom Griechischen μονάς (*monás*) in Deutsch *Eins*, oder *Einheit*. Die Monade ist die einfachste Substanz, das ursprünglichste Element der Wirklichkeit. Es gibt nur eine Urmonade, das ist Gott selbst. Sie ist unbedingt, sie hängt von keiner anderen Monade ab. Alle anderen Monaden sind die Schöpfungen der Urmonade, ihre Existenz ist deshalb abhängig von der Urmonade. Nur diese kann sie schaffen und nur sie kann sie auch vernichten.
Die ganze Welt ist eine Zusammensetzung aus vielen Monaden, die sich voneinander unterscheiden. Sie sind jedoch Entelechien, Einheiten, die ihr Ziel in sich tragen. Sie sind also zielorientiert

---

[44] Das Verzeichnis der von der Römisch-Katholischen Kirche verbotenen Bücher.

ausgerichtet und insofern mit einer gewissen Autonomie ausgestattet. Jedes organische und anorganische Material ist ein Körper, der aus einer bestimmten Anzahl an Monaden besteht. Auch die nicht materiellen *Teile*, wie die tierische oder menschliche Seele sind Monaden. Die tierischen Seelen können empfinden und haben Gedächtnis. Die menschliche Seelen-Monade ist zusätzlich noch mit Vernunft und Selbstbewusstsein und der Fähigkeit die Welt und die ewigen Wahrheiten wahrzunehmen, ausgestattet. Das Interagieren der Monaden wurde von Gott mit einer Urharmonie ausgestattet.

**Isaak Newton (1643-1727)** lieferte mit seinen Gravitationsgesetzen die naturwissenschaftliche Begründung der Gesetze, die das heliozentrische Weltbild stützten. Er erweiterte damit die Gültigkeit der irdischen Physik auf den gesamten Kosmos. Somit galt z.B. die auf der Erde beobachtete Gravitation auch in Bezug auf die Himmelskörper: den Mond, die Planeten, die Sonne, ja, auch die Fixsterne. Nicht zuletzt war diese Erkenntnis der letzte Dolchstoß für das Ptolemäische System.

**Thomas Wright (1711-1786).** Zur weiteren Entwicklung des Kopernikanischen Weltbildes trug der englische Gelehrte Thomas Wright bei. Er legte es in seinem 1750 veröffentlichten Werk *An original theory or new hypothesis of the universe* dar. Darin hielt er die Sonne nicht für den Mittelpunkt des Universums. Für ihn war sie ein Fixstern unter vielen anderen. Auch die am nächtlichen Himmel beobachtete Milchstraße sei nichts anderes als eine Ansammlung der Fixsterne, wovon einer die Sonne selbst sei. Er ging noch weiter und betrachtete die auch am nächtlichen Himmel zu beobachtenden Nebel als weitere Fixsternenansammlungen, als Galaxien.

**Immanuel Kant (1724-1804)** gehört zu den bedeutendsten Philosophen der Neuzeit. Sein Werk: *Kritik der reinen Vernunft* leitete eine völlig neue Betrachtungsweise der Welt. Er war der Begründer der modernen Philosophie.

In seinem 1755 erschienenen Werk: *Allgemeine Naturgeschichte und Theorie des Himmels* greift Kant den Gedanken von Th. Wright auf und postuliert die Entstehung der Sterne und Planeten aus einem Urnebel. Eine Theorie die bis zum heutigen Tag im Wesentlichen ihre Gültigkeit hat. Er behauptete darüber hinaus, dass das Universum aus unendlich vielen Welteninseln, heute werden wir sagen Galaxien, bestehe und damit viel größer sein müsse, als es damals allgemein angenommen wurde.

**Die modernen Naturwissenschaften**

Diesem Thema widmen wir den folgenden zweiten Teil dieses Buches.

**Zusammenfassung**

Die Sicht des Menschen auf die Welt ist gekoppelt an seine eigene körperliche vor allem aber geistige Entwicklung. Wie der Mensch selbst sich im Laufe seiner Geschichte änderte und ein immer höheres intellektuelles Niveau erreichte, so änderte sich auch seine Sicht auf die ihn unmittelbar umgebende Welt, aber auch das Universum als Ganzes. Die mythischen Vorstellungen der Urmenschen wandelten sich in den Hochkulturen zu immer mehr ausdifferenzierten philosophischen Systemen, bis sie in der Neuzeit eine naturwissenschaftliche Ebene erreichten. Man kann sagen, dass der Mensch neben der Befriedigung ganz alltäglicher Bedürfnisse von Anfang an auch die ihn umgebende nähere Umgebung, aber auch den Kosmos intensiv wahrnahm und sich Gedanken über ihre grundsätzliche Struktur machte. Und seine Erkenntnis über die Zusammenhänge wuchs in dem Masse, in dem sich seine geistigen Kapazitäten vergrößerten. Ja, man kann behaupten, dass die erweiterte Erkenntnis über sich

selbst und die ihn umgebende Welt die Folge seiner immer komplexeren geistigen Fähigkeiten war.

# Teil II: Das Universum in naturwissen-schaftlicher Sicht

*„Es war eine gutgläubige Vereinfachung, wenn die Wissenschaft in ihren Anfängen sich vorstellte, sie könne die Erscheinungen an sich beobachten. Ganz unbewusst gingen Physiker und andere Naturforscher zunächst so vor, als senke sich ihr Blick aus weiter Höhe auf eine Welt, die ihr Bewusstsein zu durchdringen vermöchte, ohne ihren Wirkungen ausgesetzt zu sein oder sie zu beeinflussen. "[45]*

## Vom Urknall bis zu den Galaxien

### Das junge Universum

Der Begriff *Urknall*[46] wird heute allgemein in der Kosmologie für die Bezeichnung des Beginns des heute existierenden Universums benutzt. Er leitet sich von dem englischen Begriff *Big Beng (großer Knall)*, der von dem Gegner der Urknalltheorie Fred Hoyle eigentlich despektierlich gemeint, abgeleitet wurde. Aus dem englischen *Großen Knall* wurde der deutsche *Urknall*.

Die Theorie des Urknalls selbst ist auf den belgischen katholischen Theologen und Naturforscher Georges Lemaître[47]

---

[45] Teilhard de Chardin, Pierre; Der Mensch im Kosmos, München 1959, S. 18.

[46] Knall ist eigentlich irreführend. Denn er setzt voraus Schallwellen und das Medium in dem sie sich ausbreite können. Da es beides in diesem frühen Stadium des Universums nicht gab, konnte es auch nicht im eigentlichen Sinn des Wortes knallen. Aus ähnlichen Grund konnte es auch kein Aufblitzen geben.

[47] Als Universitätsprofessor entwickelte Georges Lemaître bereits Ende der 1920er Jahre die Theorie von der Expansion des Universums, die er in seiner Arbeit 1927 in den *Annales de la Société scientifique de Bruxelles* veröffentlichte. Damit erschien seine Arbeit, die bereits wesentliche Grundzüge der Expansion des Universums darlegte, zwei Jahre früher als die Arbeiten Edwin Hubbles, dem das Konzept von der Expansion des Universums heute zugeschrieben wird, und zwar deshalb, weil die Arbeit Lemaîtres auf

zurückzuführen. Er hatte bereits 1927 den Anfangszustand des heutigen Universums als *primordiales Atom* auch *Uratom* oder *kosmisches Ei* bezeichnet und in Grundzügen die Expansion des Universums beschrieben. Dieses Uratom, heute auch Singularität genannt, ist der Zustand, in dem die allgemeine Relativitätstheorie Einsteins nicht angewendet werden kann, weil die Dichte in ihr unendlich groß war. Den Urknall kann man deshalb nicht mit den heute gängigen Theorien beschreiben, da diese die Existenz von Materie, Raum und Zeit voraussetzen, die es in der heutigen Form in der Singularität vor und während des Urknalls nicht gegeben hat. Daraus ergibt sich, dass es auch heute noch keine allgemein akzeptierte Theorie für die frühe Entwicklung des Universums gibt. Nach den heute allgemein anerkannten Erkenntnissen fand der Urknall vor 13,7 Milliarden Jahren statt. Die Urknall-Theorie besagt, dass das Universum seitdem eine Entwicklung durchlaufen hatte, bis es seinen heutigen Zustand erreichte. Erst etwa $10^{-6}$ Sekunden nach dem Urknall hatte sich das Universum soweit ausgedehnt und abgekühlt, dass seine weitere Entwicklung von Prozessen bestimmt wurde, wie sie heute in der Elementar-teilchenphysik beobachtet werden können.

Der heutigen Urknalltheorie liegen zwei Axiome zu Grunde: Zum einen, dass die uns bekannten Naturgesetze universell sind. Und zum anderen, dass das Universum in kosmischen Kategorien gedacht in jeder Richtung homogen ist.

Daraus folgert, dass sich die Entwicklung des Universums mittels der Einstein'schen allgemeinen Relativitätstheorie beschreiben lässt.

Die allererste Phase nach dem Urknall bezeichnet man als die Planck-Ära, die man mit etwa $10^{-43}$ Sekunden annimmt. In

---

englisch erst 1931 erschien. Vgl. auch: Vaas, Rüdiger, Hawkings neues Universum, München 2010, S. 90.

dieser „Zeit" herrschte wahrscheinlich eine unvorstellbare Temperatur von ca. $10^{32}$ Kelvin und unendlicher Druck.

Es wird angenommen, dass der Planck-Ära die so genannte GUT-Ära auch Baryogenese genannt, folgte. Während dieser Phase soll sich die einheitliche Urkraft der Planck-Ära in die uns heute bekannten drei Kräfte, die starke Kernkraft, die schwache Kernkraft und die elektromagnetische Kraft gespalten haben, bzw. sie wurden voneinander unterscheidbar. Experimentell überprüfbar ist diese Theorie nicht, weil man die Energiedichte dieser Phase im Laboratorium nicht erzeugen kann.

Während dieser Phase erfolgte auch die so genannte Inflation des frühen Universums. Man nimmt an, dass in dieser „Zeit" das Universum sich innerhalb von $10^{-35}$ bis $10^{-32}$ Sekunden um den Faktor $10^{30}$ bis $10^{50}$ ausgedehnt hat. Auf den ersten Augenblick widerspricht diese überlichtschnelle Ausdehnung des Universums der Relativitätstheorie, weil sie eine die Lichtgeschwindigkeit überschreitende Ausdehnungsgeschwindigkeit annimmt. Der Widerspruch ist aber nur ein scheinbarer, denn es handelt sich nicht um eine Bewegung im Raum, sondern die Ausdehnung des Raumes selbst. Die Relativitätstheorie nimmt aber die Lichtgeschwindigkeit als höchstmögliche Geschwindigkeit nur innerhalb des Raumes an.

Die Annahme der Inflationsphase ermöglicht die Erklärung mehrerer kosmologischer Beobachtungen: u.a. die spätere Bildung der Galaxien und Galaxienhaufen und die Temperaturschwankungen der kosmischen Hintergrundstrahlung.

Die weitere Entwicklung des Universums kann mit den heute bekannten und weitgehend akzeptierten Theorien beschrieben werden.

Die nächste Stufe der Entwicklung des Universums wird als primordiale Nukleosynthese beschrieben. Damit wird die Entstehung der subatomaren Teilchen und der Atomkerne bezeichnet. Die Theorie besagt, dass nach der Inflationsphase die Temperatur auf etwa $10^{25}$ Kelvin sank und sich dadurch die ersten Quarks[48] und Anti-Quarks bilden konnten.

Nach $10^{-6}$ Sekunde lag die Temperatur bei nur noch $10^{13}$ Kelvin, so dass sich die Quarks zu Hadronen (dazu zählen z. B. die Protonen und Neutronen), den Bausteinen der Atomkerne vereinigen konnten.

Nach 10 Sekunden bei einer Temperatur unterhalb von $10^9$ Kelvin entstehen aus den Protonen und Neutronen die ersten Wasserstoff- und Deuteriumatomkerne [49]. In den folgenden drei Minuten bildeten sich aus den Protonen, Neutronen und Elektronen[50] zu 25 % Helium-4 und Deuterium sowie Spuren von Helium-3, Lithium und Beryllium. Die restlichen 75 % stellten Protonen, die zu Wasserstoffatomkernen wurden. Alle diese Atome waren aber wegen der hohen Temperatur sehr instabil. Alle anderen chemischen Elemente entstanden erst später im Rahmen der Sternenbildung.

Das Universum war nun gefüllt mit einem Plasma aus Elektronen, Photonen („Lichtteilchen") und Atomkernen (Protonen und Neutronen). Außerdem gab es Neutrinos, die durch Kollisionen

---

[48] Quarks sind die kleinsten heute allgemein angenomenen subatomaren Teilchen. Es sind die elementaren Bestandteile der Hadronen (z.B. die Atomkern-Bausteine die Protonen und Neutronen). Zusammen mit den Leptonen und den Eichbosonen gelten sie heute als die fundamentalen Bausteine, aus denen alle Materie aufgebaut ist. Allerdings konnten bisher noch keine freien Quarks experimentell beobachtet werden.

[49] Deuterium ist eine Spielart des Wasserstoffs. Sein Atomkern besteht nicht nur aus einem Proton, wie beim einfachen Wasserstoff, sondern zusätzlich aus einem Neutron. Seine Masse ist deshalb doppelt so groß, weshalb er auch „schwerer Wasserstoff" genannt wird. Es ist ein natürliches Isotop des Wasserstoffs.
[50] Diese sind aus Zerfall von Neutronen in Elektronen und Protonen entstanden.

der Neutronen und Protonen entstanden sind und dazu sehr instabile Atome von Wasserstoff und Deuterium und Spuren von Helium, Lithium und Beryllium.

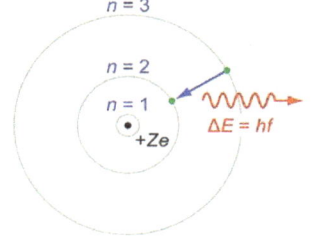

Das Modell eines Atoms nach Nils Bohr[51]

Es dauerte etwa 400.000 Jahre, bis die Temperatur ausreichend abgesunken war, dass sich stabile Atome bilden konnten und Licht große Distanzen zurücklegen konnte, ohne absorbiert zu werden. Das Universum wurde durchsichtig.

Die Urknall-Modelle mit den oben beschriebenen Charakteristika sind die allgemein anerkannten Modelle zur Erklärung des heutigen Zustandes des Universums. Der Grund dafür ist, dass sie einige zentrale Vorhersagen machen, die sich gut mit dem beobachteten Zustand des Universums decken.

Die wichtigsten Vorhersagen sind die Expansion des Universums, die kosmische Hintergrundstrahlung und die Elementverteilung, insbesondere der Anteil an Helium an der Gesamtmasse der Atome. Auch die wichtigsten Eigenschaften der Temperaturfluktuationen der kosmischen Hintergrundstrahlung werden im Rahmen der Urknall-Modelle mittels kosmologischer Störungstheorie sehr erfolgreich erklärt. Die Theorie der Temperaturfluktuationen bietet außerdem ein Modell zur Entstehung

---

[51] 1913 entwickelte der dänische Physiker Nils Bohr das erste Atommodell, das weitgehend anerkannt wurde. Danach bestehen Atome aus einem schweren, positiv geladenen Atomkern und leichten, negativ geladenen Elektronen, die den Atomkern auf geschlossenen Bahnen umkreisen. Je schwerer das chemische Element ist, umso mehr Orbits und darauf befindliche Elektronen hat es. Wenn ein Elektron von einer höheren auf eine niedrigere Bahn wechselt, wird Energie frei…(Quelle: hr-atom-PAR.svg.png.)

großräumiger Strukturen, nämlich der Filamente und Voids[52], die eine Art Wabenstruktur bildeten, die ihrerseits wiederum zu lokalen Masseansammlungen und in ihrer Folge zur Bildung von Sternen, Sternenhaufen, Galaxien, Galaxienhaufen und Sternensystemen führten.

Diese Masseansammlungen werden als eine Folge der während der Inflationsphase durch Quantenflukuationen entstandenen räumlichen Dichteschwankungen gedeutet.

**Bildung von Ursternen und Galaxien**

An dieser Stelle bedient sich die gegenwärtige Forschung eines Modells, das man eigentlich als Hypothese bezeichnen muss, weil sie keinerlei experimentelle Beweise liefern kann. Um bestimmte Schwierigkeiten bei der Bildung dieser Ansammlungen der Massen zu erklären, wird die so genannte dunkle Materie und dunkle Energie postuliert, weil die beobachtbaren Massenmengen sonst die Bildung der Masseansammlungen durch kollabieren in Folge der gravitativen Instabilität in der angenommenen Zeit nicht erklären könnten. Wir werden uns später diesem Problem noch anderweitig nähern.

Im weiteren Verlauf haben sich die Gaswolken so weit verdichtet, dass sie die ersten Sterne bilden konnten. Diese ersten Sterne waren wesentlich massereicher als unsere Sonne. Entsprechend groß war der Druck, der in ihrem Innern entstanden war, der wiederum dazu führte, dass sie sehr heiß wurden. Die Hitze und der enorme Druck fachte im Innern dieser Massereichen Sterne die Kernfusion an. Diese ermöglichte wiederum die Bildung schwererer Elemente als Wasserstoff und Helium. So entstanden in ihrem Kern im Laufe des Sternenlebens Kohlenstoff, Sauerstoff, Eisen und andere ihnen vergleichbare Elemente.

---

[52] Bei den Filamenten und Voids handelt es sich um Materieansammlungen mit dazwischen liegenden Hohlräumen.

Durch ihre große Masse bedingt waren diese Massereichen Sterne im kosmischen Maßstab gesehen nur sehr kurzlebig. Nach ca. 3 - 10 Millionen Jahren explodierten sie in einer Supernova. Der durch diese Explosion erzeugte zusätzliche Druck führte zur Bildung noch schwererer Elemente wie z.B. Uran, die sich dann im interstellaren Raum ausbreiten konnten. Die Explosion hatte auch Folgen für die benachbarten Gaswolken. Sie wurden verdichtet und so wurde eine neue Generation von Sternengebildet. Es waren Masseärmere Sterne von schwächerer Leuchtkraft aber von längerer Lebensdauer. Diese Sterne bildeten zunächst Sternhaufen, die Vorläufer der Galaxien und schließlich die Galaxien selbst.

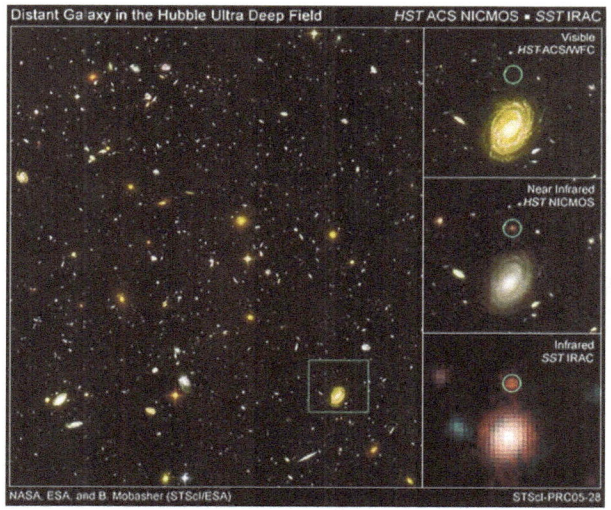

Die Aufnahme des Hubble-Teleskops zeigt Galaxien verschiedenen Stadien der Entwicklung. Die kleinsten, rotesten Galaxien, gehören zu den am weitesten entfernten bekannten Galaxien. Diese Galaxien sind in einem Stadium zu sehen, als das Universum 800 Millionen Jahre alt war.

(Quelle: Nasa, Esa und Mobasher)

Neben dieser geläufigen Urknalltheorie gibt es auch andere Theorien, die die Entwicklung des beobachtbaren Universums zu erklären versuchen. Eine von ihnen ist die Theorie des Pulsierenden Universums, das sich in einem unendlichen Prozess ähnlich einer Ziehharmonika ausdehnt und zusammenzieht.

Eine andere Theorie ist die von der ewigen Inflation des Universums, die zur Bildung vieler paralleler Teiluniversen führt, die sich in ihrer Grundstruktur unterscheiden und in denen sehr unterschiedliche Naturgesetze herrschen können. Allerdings stehen auch diese Theorien vor der grundsätzlichen Frage: Was ist die innere Kraft des Universums, die es zu diesem „Pulsieren" oder zur ewigen Inflation veranlassen sollte. Auf all diese Theorien soll hier nicht näher eingegangen werden.

## Entstehung der Planetensysteme

Die nächste Stufe der Entwicklung des Universums auf seiner Großraumebene ist die Bildung von Planetensystemen um die Sterne herum. Die neu entstandenen Sterne waren umgeben von Wolken aus Gas und Staubpartikeln, die nach der Entstehung des Sterns in der Mitte der Stellaren Wolke übrig geblieben waren. Sie umkreisen den Stern, meistens in Form einer großen Scheibe, die vergleichbar war mit der Scheibe, die heute die Ringe des Saturns bilden. Sie wird auch die protoplanetare Scheibe genannt. Diese Wolke bestand meistens aus gefrorenem Wasser, Kohlenstoff, Silizium und anderen schweren Elementen. Ähnlich wie die großen Staubwolken, aus denen sich die ersten Sterne und Galaxien und weitere Generationen von Sternen gebildet hatten, klumpten auch die Staubwolken um die Sterne der zweiten Generation herum und bildeten die Planetensysteme.

Auf ähnlichem Weg entstand vor etwa 4,6 Milliarden Jahren die Ursonne und eine sie umkreisende dichte Gas- und Staubscheibe. Nach weiteren Millionen von Jahren bildeten sich in der Staubwolke einige große Materiebrocken. Es waren die Vorgänger der heutigen Planeten. Diese sammelten in weiteren Millionen von Jahren immer mehr Material aus ihrer Umgebung und durch auf sie einstürzende kleinere und größere Kometen, Asteroide und Meteoriten an.

Auf diese Weise entstand das uns heute bekannte Sonnensystem mit seiner Sonne und den sie umkreisenden acht großen Körpern, die unter der Bezeichnung Planeten bekannt sind, und einer unzähligen Zahl von anderen Körpern, von denen man die größeren Kleinplaneten nennt. Eine besondere Art stellen in diesem System die Kometen dar, die meistens in sehr lang gezogenen elliptischen Bahnen um die Sonne kreisen.

Das Sonnensystem. Nach Goruna.de

Die astronomischen Beobachtungen der letzten Jahrzehnte zeigen, dass das Sonnensystem nicht das einzige planetare System unserer Galaxis ist. Und mit hoher Wahrscheinlichkeit trifft diese Feststellung auch auf die Milliarden anderer Galaxien des Universums zu. Die Beobachtungen der neusten Zeit bringen immer neuere Beweise dafür, dass es im Universum auch Planeten gibt, die unserer Erde sehr ähnlich sowohl was die Größe wie auch die Lage in ihrem planetaren System sind.[53]

In diesem Sinn ist unser eigener Planet, die Erde, keine Ausnahme, sondern eher der Regelfall im Universum.

Wenn man diesen Gedanken konsequent fortsetzt, kommt man zu der Überzeugung, dass auch alles was auf der Erde an Entwicklung zu beobachten ist, kein Sonderfall sein kann. Das schließt auch den Gedanken an die Existenz extraterrestrischer

---

[53] Mehrere solcher Planetensysteme wurden in der neuesten Zeit auch in der näheren Umgebung innerhalb unseres Sonnensystems entdeckt.

Formen des Lebens, ja auch des bewussten Lebens ein. Dem Gedankenduktus folgend müssen wir deshalb von der Existenz erdähnlicher Zivilisationen im ganzen Universum ausgehen, auch wenn uns heute noch die experimentellen Beweise dafür fehlen.

**Woraus besteht das Universum?**

Nach dem heutigen Erkenntnistand lässt sich die Zusammensetzung des Universums wie folgt beschreiben:

Ca. 4 - 5 Prozent macht die gewöhnliche Materie aus. Das meiste befindet sich in den interstellaren Gaswolken aus Wasserstoff und Helium. Nur ca. 0,5 Prozent davon ist in Sternen gebunden. Der Anteil der anderen schwereren chemischen Elemente wie Sauerstoff, Kohlenstoff, Stickstoff, Schwefel, Phosphor, Eisen und weiterer schweren Elemente machen nur 0,03 Prozent der gewöhnlichen Materie aus. Die letzteren sind ein Produkt des Zerfalls der Ursterne. Für den fehlenden Rest wird eine Dunkle Materie ca. 23 - 27 Prozent und Dunkle Energie ca. 68 - 72 Prozent postuliert. Dunkle heißt sie deshalb, weil sie bisher nur in Rechnungsmodellen auftaucht. Sie entzieht sich bisher einer experimentellen Nachweisbarkeit. Sie ist aber notwendig, um das Universum zu beschreiben. Ob es sich um einen materiellen Stoff oder vielleicht eine völlig andere Dimension des Seins handelt, darauf werden wir im letzten Kapitel näher eingehen.

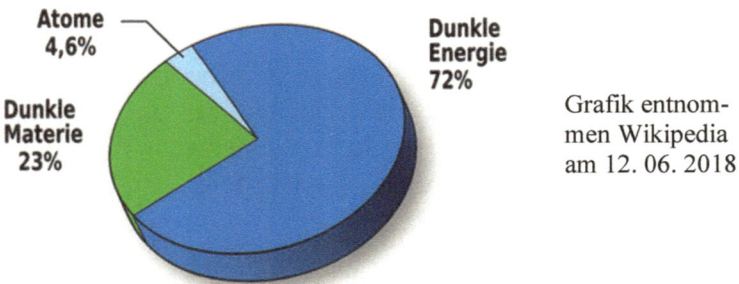

Atome 4,6%

Dunkle Energie 72%

Dunkle Materie 23%

Grafik entnommen Wikipedia am 12. 06. 2018

54

## Andere Möglichkeiten

Hat das Universum einen Anfang, oder existiert es ewig? Diese Frage wird seit Jahrhunderten kontrovers diskutiert und gehört auch heute noch zu den zentralen Fragen sowohl der naturwissenschaftlichen wie auch der philosophischen Kosmologie.

Ist das oben dargelegte Modell die einzige Möglichkeit die Entstehung und Entwicklung unseres Univerim Jahr Kosmologe Alan Guth bringt das Problem auf den Punkt, indem er schreibt: *„Die Standardtheorie vom Urknall verrät uns nicht, was geknallt hat, warum es geknallt hat und was sich ereignete, bevor es geknallt hat. Trotz ihres Namens beschreibt die Urknall-Theorie den Urknall eigentlich gar nicht. Es handelt sich in Wirklichkeit um die Theorie über die Folgen des Urknalls.“*[54]

Der bereits erwähnte britische Kosmologe Fred Hoyle lehnte bis zu seinem Tod 2001 die Urknall-Theorie ab, und hielt das Universum für ewig bestehend. Andere wiederum vertreten - wie bereits erwähnt - die Theorie eines ewig pulsierenden Universums, das sich wie eine Ziehharmonika periodisch ausdehnt und zusammenzieht.

Zusammenfassend lässt sich sagen, die Entwicklung des Universums seit seiner Entstehung mit dem Urknall weist eine Tendenz zu immer komplizierteren Strukturen auf. Sie durchläuft einen Prozess der Komplexifikation von zunächst einfachen zu immer komplexeren Formen.

# Die Entstehung und Entwicklung der Erde

Wenn die Vermutung stimmt, dass unser Planet keine Ausnahme, sondern eher eine Regel im Universum ist, dann können wir davon ausgehen, dass auch Prozesse, die auf unserem Planeten seit Milliarden von Jahren von statten gehen, keine

---

[54] Vgl.: Vaas, Rüdiger; S. 136

Ausnahme, sondern eben eine Regel im Universum sind. Diesem Gedanken folgend, können wir postulieren, dass die Entwicklungen, die wir auf der Erde beobachten, sich in ähnlicher Weise in nicht zu beziffernder Zahl im übrigen Universum ereignen.

Wenden wir uns also unserem Mutterplaneten zu und versuchen seine Entwicklung seit seiner Entstehung nachzuzeichnen. Die größten Zeiteinheiten, in die die Erdgeschichte eingeteilt wird sind die Äone. Sie erleichtern die unvorstellbare Zeit, in der unsere Erde ihre heutige Form erreichte, besser zu systematisieren.

Die Erdgeschichte wird in vier Äonen aufgeteilt:

Hadaikum vor 4,6 bis 4 Milliarden Jahren,

Archaikum vor 4 bis ca. 2,5 Milliarden Jahren,

Proterozoikum vor ca. 2,5 Milliarden bis 542 Millionen Jahren,

Phanerosoikum ab ca. 542 Millionen Jahren.

**Hadaikum**

Die erste Phase der Erdentstehung wird mit dem Begriff Hadaikum bezeichnet. Sie umfasst die Zeit von dem Planetaren Urnebel unseres Sonnensystems und endet mit der Erde als heißem flüssigem Gesteinsball.

Wie in der Beschreibung der Planetenbildung bereits erwähnt, bildete sich unsere Erde aus Materieansammlungen, die sich im Bereich der heutigen Erdumlaufbahn um die Sonne befanden. Durch Zusammenstöße und Aufschläge mit der Urerde, wurden ungeheure Energiemengen freigesetzt. Die Urerde war ein flüssiger Ball. Ihre Masse nahm durch weitere Kollisionen mit kleineren und größeren interplanetaren Körpern stetig zu. Und tut sie es im geringen Maße auch heute noch. Man nimmt auch an, dass in diesem Prozess die Urerde mit einem anderen sehr großen Himmelskörper zusammenstieß und aus der durch den

Aufprall in den Weltraum herausgeschleuderten Materie ihr Trabant, der Mond entstand.

Durch die eigenen Gravitationskräfte erfolgten in diesem flüssigen Erdball Differenzierungsprozesse. Dichteres und schwereres Material sank in die Mitte und bildete den Kern. Oben geblieben ist Material geringerer Dichte, das den Erdmantel gebildet hat. Mit der Zeit wurde das Bombardements aus dem All weniger und die Erde kühlte langsam ab.

Der große Druck im Innern der Erde führte dazu, dass Gase, die in den Kristallen gebunden waren nun nach oben strömten. Da die Masse der Erde groß genug war, hielt sie diese Gase fest. Sie bildeten die Uratmosphäre aus. In ähnlicher Weise gelang Wasserdampf aus dem Innern der Erde in ihre Atmosphäre. Es bildeten sich riesige Wolken, die immer wieder abregneten. Das führte zur Bildung der ersten Ozeane. Die eigenen Wassermengen wurden wahrscheinlich noch durch Kometeneinschläge, die zum großen Teil aus Wassereis bestanden, ergänzt. In dieser Zeit erstehen auch die ersten kontinentalen Krustenblöcke.[55]

---

[55] Zur geologischen Entwicklung der Erde gibt es verschiedene Theorien. Die im Augenblick gängigste ist die Theorie der Plattentektonik, die auf Alfred Wegener zurückgeführt wird. Sie geht bei der Entstehung der Kontinente davon aus, dass sich die verschiedenen tektonischen Platten, aus denen die Erdkruste besteht horizontal verschieben, das Volumen der Erde aber im Wesentlichen stabil ist. Die andere Theorie ist die der Erdexpansion, die geht auf Ott Christoph Hilgenberg und Samuel Warren Carey zurück. Sie postuliert eine radiale Bewegung der Erdkruste also von Innen nach Außen wodurch das Volumen der Erde immer größer wird, in dessen Folge vor allem die Oberfläche der Weltmeere im Laufe der geologischen Geschichte der Erde immer größer wurde, die Kontinente aber im Wesentlichen ihre Gestalt behielten. Von einigen Vertretern dieser Theorie wird darüber hinaus angenommen, dass das Volumen der Erdmasse auch durch die Energie der interstellaren Strahlung wächst, die auf der Erde in Materie umgewandelt wird, gemäß der Formel $E=mc^2$.

# Archaikum – Das Leben entsteht

Vor etwa 4 Milliarden Jahren begann für die Erde eine neue Phase in der Entwicklung, das Archaikum. Man geht davon aus, dass es in dieser Zeit sehr viele so genannte Hotspots[56] in den Weltmeeren gegeben hat, die durch ihr kontinuierliches Wachstum die Wasseroberfläche durchbrachen und erste kleine Landflächen bildeten, die durch Zusammenstöße mit anderen solchen Flächen die ersten Urkontinente bildeten. Begünstigt wurde der Prozess dadurch, dass die Urkruste, aus der die Hotspots bestanden, durch Auswaschungen von sauren Anteilen befreit wurde, und das Gestein dadurch leichter wurde, was seinen Aufstieg zur Oberfläche begünstigte. Die so entstandenen Protokontinente erreichten vor etwa 2,5 Milliarden Jahren eine Fläche, die der Landmasse von heute vergleichbar war. Kleine Reste dieser Urkruste wurden an nur ganz wenigen Stellen, so z.B. in Kanada gefunden.

Auch ein anderer folgenreicher Prozess in der Entwicklung unseres Planeten nahm hier seinen Anfang. Bereits im frühen Archaikum, vermuten die Naturforscher, entstanden die ersten primitiven Formen des Lebens. Die Schwierigkeit dies zu beweisen, liegt darin, dass es aus dieser Zeit nur ganz wenig Gestein gibt, das in Folge der Zeit nicht erodierte oder durch andere Umweltzungen verändert wurde. So ist die Forschung über die ersten Lebensformen in hohem Masse auf Rekonstruktionen und Modellrechnungen angewiesen.

---

[56] Hotspots nennt man besonders heiße Bereiche im Erdmantel. Dort steigt das heiße Material aus dem Erdinneren auf. Wenn dieses aufsteigende Material die Erdoberfläche erreicht, entsteht ein Vulkan. Wenn der Hotspot sich im Meer befindet, kann er, durch immer neu nachrückendes Material, die Wasseroberfläche erreichen und mit der Zeit eine Insel (Landmasse) bilden.

Wie bereits erwähnt, wurde die Bildung protoorganischer Verbindungen wahrscheinlich bereits im interstellaren Raum eingeleitet. Zu diesen Ursprungselementen des Lebens gehören z.B. die Aminosäuren. Es gehört heute zu den allgemein anerkannten Theorien, dass das Leben in den Meeren entstanden ist. Es wird vermutet, dass die ersten organischen Verbindungen, aus denen sich dann die allerersten lebenden Organismen entwickelten, in der Nähe der bereits erwähnten Hotspots entstanden waren. Es ist dennoch eine große Unbekannte, unter welchen Bedingungen und wie aus „unbelebten chemischen Elementen" der Sprung zum Leben erfolgt ist.

Die ältesten heute bekannten Spuren des Lebens sind ca. 3,5 Milliarden Jahre alt. Es handelt sich um die so genannten Prokaryoten[57]. Es wird vermutet, dass diese frühen Bakterienähnlichen Lebewesen in flachen Regionen der Meere siedelten und bereits durch Fotosynthese Lebensenergie gewinnen konnten. Ihre Hinterlassenschaften können wir heute noch in den so genannten Stromatolithen[58] bewundern. Bei der Fotosynthese werden Kohlenstoffdioxid und Wasser zu Glucose und Sauerstoff mittels Chlorophylls umgewandelt. Die Bildung des Chlorophylls durch die Urzellen und die dadurch ermöglichte Fotosynthese waren die entscheidenden Faktoren für die weitere Entwicklung des Lebens auf der Erde. Die Anreicherung der Erdatmosphäre war eine der Grundvoraussetzungen für die Entstehung höherer Lebensformen.

**Proterozoikum**

In dieser Zeit unterlag die Erdoberfläche ständigen und großen Veränderungen. Die Kontinente änderten ihre Gestalt. Es kam

---

[57] Prokaryoten sind Lebewesen, die zwar aus einer Zelle bestehen aber keinen Zellkern besitzen. Ihr Zelltyp wird als Protocyte bezeichnet. Zu den Prokaryoten zählen Bakterien und Archaeen.
[58] Stromatolithen sind Ablagerungen, die im Zusammenhang mit dem Wachsen und Absterben von Mikroorganismen entstehen.

zur Bildung erster Gebirgszüge und es entstand auch der Groß-
kontinent Gondwanaland. Die größte Veränderung aber trat am
Ende dieser Zeitepoche ein. Es bildete sich mit hoher Wahrscheinlichkeit auf evolutionärem Weg eine große Vielfalt an un-
terschiedlichen Lebensformen heraus.

Bereits zu Beginn des Archaikums fingen die ersten Prokaryoten
an, durch die Fotosynthese freien Sauerstoff zu produzieren. In
Jahrmillionen bildete sich daraus eine mit Sauerstoff angerei-
cherte Atmosphäre. Diese Tatsache begünstigte wahrscheinlich
auch die Herausbildung neuer Lebensformen. Aus den Prokaryoten entstand eine neue, höhere Form der Lebewesen, die Euka-
ryoten[59].

Die nächste Stufe auf der Lebensleiter war die Entstehung der
ersten Mehrzeller. Es war der Durchbruch auf dem Weg zur Bildung immer höher organisierter Lebewesen. In – geologisch gesehen – verhältnismäßig kurzer Zeit entstand eine bis dahin nie
gekannte Vielfalt an pflanzlichen und tierischen Lebensformen.
Zu den tierischen gehörten u.a.: Quallen, Seefedern, Ringelwür-
mer, Schnecken und frühe Formen der Gliederfüßler, die Vorfahren der heutigen Insekten und Krabben.

In den Fossilien aus dieser Zeit zeigen sich auch die ersten Tiere,
die über Hartteile verfügten.

**Phanerosoikum**

Es ist das kürzeste aller Erdäonen. Das schmälert aber nicht
seine Bedeutung. Im Gegenteil, die Vielfalt und die Dynamik
der Entwicklung dieser Zeit macht es notwendig es in kleinere
Abschnitte aufzuteilen. Den ältesten Zeitabschnitt des Phanero-
soikums nennt man Paläozoikum (Erdaltertum), den mittleren

---

[59] Im Gegensatz zu den prokaryotischen Zellen besitzen die eukaryotischen
Zellen einen festen Zellkern. Zu den Prokaryoten zählen alle Lebewesen außer den Bakterien und Archaeen.

Mesozoikum (Erdmittelalter) und den jüngsten Känozoikum (Erdneuzeit).

## Paläozoikum – Das Erdaltertum

Das Erdaltertum wird in der Geologie in sechs Perioden unterteilt: das Kambrium, das Ordovizium, das Silur, das Devon, das Karbon und das Perm. Im Paläozoikum haben die Lebensformen einen weiteren Entwicklungssprung zur noch größeren Differenzierung und damit Komplexität gemacht.

### Das Kambrium und Ordovizium

Das Kambrium und Ordovizium kennzeichnet eine sehr ambivalente Entwicklung des Lebens. Zu Beginn explodiert förmlich das Leben in allen seinen Arten. Es entstand eine sowohl was die Menge der Lebensmasse, wie auch was die Diversität der Lebensformen betrifft bis dahin nicht gekannte Fülle an Lebensäußerungen. Es bildeten sich nach und nach viele neue Lebensarten aus. Zu den höchst entwickelten gehören die Wirbeltiere. Die ersten Fische bevölkerten die Meere.

Dieser explodierenden Expansion des Lebens folgen aber immer wieder auch Phasen des Massenaussterbens. Es gibt Forscher, die die Meinung vertreten, dass im Ordovizium das Leben seine Urheimat, das Meer verließ und die ersten Pflanzen das Land eroberten.

### Silur

Silur wurde durch weitere Entwicklungen der Fische gekennzeichnet. Die Urfische des Ordoviziums sind kieferlos gewesen. Nun entwickelten einige Fischarten Kiefer, die ihnen Vorteile gegenüber den kieferlosen verschafften. Statt bisherigen Knochenplatten bildeten einige Arten Schuppen.

Auch die Eroberung des Landes durch Pflanzen setzt sich im Silur fort. Von einer durchgehenden Besiedlung der Landmassen kann man jedoch noch nicht sprechen.

Devon

Im Devon erfolgte die Besiedlung der Landmassen durch Pflanzen, die immer stabiler wurden und dadurch beträchtliche Höhen erreichen konnten. Die bisherige Sporenfortpflanzung entwickelte sich nach und nach zur Samenfortpflanzung, was zur weiteren Ausbreitung der Pflanzen auf den Landmassen führte, da die Pflanzen bei Ihrer Vermehrung nicht an die direkte Nähe des Wassers angewiesen waren. Die ersten Wälder entstanden.

Parallel dazu schritt die Evolution in den Meeren fort. Große Raubfische tauchten neben den Lungenfischen und Quastenflossern in den Urozeanen auf. Die letzteren werden noch eine wichtige Rolle in der weiteren Entwicklung des Lebens spielen.

Auch einige Tiere erobern nun sukzessive die Landmassen. Zu den ersten gehörten wahrscheinlich die Insekten und Skorpione. Im jüngeren Devon wagten auch die ersten Wirbeltiere den Sprung aufs Land. Es waren die Nachfolger der bereits erwähnten Quastenflosser und Lungenfische. Ermöglicht hatte es die davor erfolgte Ausbreitung der Pflanzen auf dem Land. Sie bildete die Nahrungsgrundlage für die ersten tierischen Landbewohner.

Diese Entwicklung wurde am Ende des Devons jäh unterbrochen. Da sich das Klima abkühlte, kam es zu einem Massensterben in den Meeren, dem große Teile der Meeresbewohner zum Opfer fielen.

Karbon

Wie nach jeder Katastrophe erholte sich das Leben auf der Erde zu Beginn des Karbons recht schnell wieder. Wie der Name der Periode bereits andeutet, verdankt Karbon seine Bezeichnung den großen Kohleablagerungen, die in dieser Zeit entstanden. Sie zeugen von den enormen Mengen an pflanzlicher Biomasse, die in dieser Periode entstanden.

Auch die tierische Welt verzeichnet einen enormen Zuwachs an Arten. Die bisherigen Meerestiere erobern nun auch die

Süßgewässer. Das wiederum erleichterte einigen Wassertieren den Gang ans Land.

Die amphibisch lebenden Tiere haben auf dem Land zunächst keine großen Konkurrenten. Am Ende des Karbons entwickeln sich aus ihnen die ersten Reptilien. Den großen Durchbruch schafften sie in der Fortpflanzung, in dem sie das Ei „erfanden". Wie erfolgreich die Reptilien waren, davon zeugt die Tatsache, dass sie alle klimatischen Umwandlungen und Katastrophen der nachfolgenden Zeiten überdauerten und bis in die Gegenwart mit vielen Arten vertreten sind.

Auch bei der Gestaltung der Erdoberfläche hatte sich wichtiges ereignet. Die Urkontinente drifteten immer mehr aufeinander zu und kollidierten miteinander. Am Ende dieses Prozesses entstand im Mesozoikum der Superkontinent Pangäa.

Perm

Neben der weiteren Entwicklung der bisherigen Flora und Fauna steht die Perm Periode für das größte Massensterben der Lebewesen, dass sich je auf der Erde ereignet hatte. Am Ende der Periode verschwanden 80 Prozent aller vorhandenen Arten. Besonders schwer betroffen waren dabei die Wirbeltiere.

**Mesozoikum – Das Erdmittelalter**

Das Mesozoikum wird in drei Perioden unterteilt: Trias, Jura und Kreide.

Trias

Die größte Veränderung dieser Zeit ist die endgültige Entstehung des Superkontinentes Pangäa. Er umfasste alle großen Landmassen der Erde.

Wie bereits nach den Massensterben der Vergangenen Epochen erholte sich das Leben auf der Erde sehr rasch. Am Ende der Periode tauchten zwei Tierarten auf, die in der künftigen Entwicklung der tierischen Welt eine große Rolle spielen sollten. Es waren die Saurier und die ersten Säugetiere. Und es wurde auch ein neuer Lebensraum erobert. Die ersten Flugsaurier, die Vorfahren der Vögel, tauchten auf und eroberten die Lüfte. Wie fast jede Periode endete auch Trias mit einem Massensterben.

## Jura

Aus dem Massensterben des Trias' sind die Saurier als Sieger hervorgegangen. Dieser Siegeszug setzte sich nun im Jura fort. Die Juraperiode war deshalb das Zeitalter der Dinosaurier. Sie entwickelten sich sowohl was die Vielfalt der Arten wie auch die physische Größe betrifft zu den Beherrschern der juraischen Welt. Neben den Dinosauriern lebten auch schon zunächst aber quasi in Lauerstellung die verhältnismäßig kleinen Säugetiere. Ihre große Stunde sollte aber erst nach dem Untergang der Dinosaurier kommen.

## Kreide

Nach wie vor spielen die Dinosaurier die entscheidende Rolle in der Lebenspyramide der Kreideperiode. Unabhängig von ihnen entwickelten aber auch andere Arten immer modernere und damit effizientere Lebensformen. Das betrifft alle Lebensbereiche, das Wasser genauso wie das Land und nicht zuletzt auch die Luft. Immer mehr Arten ähneln in ihrem Aussehen, ihren Lebensweisen und ihrem Körperbau heute noch existieren Tieren und Pflanzen.

Zu den großen Fortentwicklern dieser Zeit gehörten die Säugetiere. Sie belegten zwar, verglichen mit den Dinosauriern, nur einen Nebenschauplatz, ihre fortschrittliche, effiziente Art der Vermehrung und Lebensweise verschaffte ihnen aber nach und nach die Vorteile, die sie später nach dem Aussterben der Dinosaurier so exzessiv nutzen werden. Sie entwickelten bereits in der Kreidezeit eine beträchtliche Vielfalt an Arten. Unter den Pflanzen tauchten die ersten Bedecktsamer auf, die ihren Vorteil den bisherigen Nacktsamern gegenüber nutzten und sich explosionsartig ausbreiteten.

Auch das Aussehen der Erde änderte sich im Laufe der Kreidezeit wesentlich. Es wurde die heute noch bestehende Landmassenverteilung eingeleitet. Südafrika und Südamerika trennten sich voneinander. Auch der Subkontinent Indien driftete nun Richtung der Landmasse Eurasiens.

Die Kreideperiode und damit auch das Mesozoikum endete mit einem Paukenschlag. Ein ca. 10 km großer Asteroid schlug auf die Erde ein und löschte die Dinosaurier und viele andere Lebensarten aus. Nur kleine Tier- und Pflanzenarten überlebten diese Katastrophe. Unter ihnen waren die kleinen bis dahin ein Nischendasein führenden aber sehr weit fortentwickelten Säugetiere. Sie nutzten nun das Vakuum, das nach dem Aussterben der Dinosaurier entstanden war und entwickelten sich zu der bestimmenden Lebensart der Zukunft.

**Känozoikum – Die Erdneuzeit**

Die Erdneuzeit begann nach dem Einschlag des Asteroiden vor etwa 65 Millionen Jahren. Sie umfasst den Zeitraum bis etwa vor 12 Tausend Jahren und unterteilt sich in Paläogen, Neogen und Quartär.

Paläogen

Der Einschlag des Asteroiden verursachte das letzte große Massensterben der Lebewesen. Arten, die damals überlebten sind Vorfahren aller heute noch existierenden Lebewesen. Das Paläogen gliedert sich seinerseits noch in Paläozen, Eozän und Oligozän.

Am schnellsten erholten sich nach der Katastrophe die Meerestiere. In den Meeren tauchten die ersten Wale auf, zu denen sich die Riesenhaie gesellten.

An Land setzte sich die Entwicklung der Blütenpflanzen fort, die in dieser Periode wieder eine beträchtliche Artenzahl hervorbrachten. Eine bedeutende Rolle übernehmen die Gräser, die einen kontinuierlichen Wachstumsprozess entwickelten als eine Strategie gegen das Abgrasen durch Tiere.

Auch die Säugetiere entwickelten sich weiter, zunächst zaghaft und dann im Eozän rasant, so dass fast alle Lebensformen, die heute noch existieren dort ihren Anfang nahmen. Im Oligozän brachten die Säugetiere immer größere Formen hervor. Die Vorfahren der Elefanten und Nashörner haben dort ihre Wurzeln. Am Ende des Oligozäns traten die ersten Affen und Affen ähnliche Primaten in die Erdgeschichte ein.

Neogen

Das Neogen umfasst die Zeit vor etwa 23 bis 2,6 Millionen Jahren. Es unterteilt sich in Miozän und Pliozän.

Neben der allgemeinen Weiterentwicklung der Arten in den Meeren und auf dem Land war für das Neogen die Ausbreitung und die Fortentwicklung der Affen und ihrer Verwandten charakteristisch. Sie fanden sich nicht nur in Afrika, sondern auch in Eurasien. Ihre Entwicklung führte am Ende dieser Periode zur Entstehung der ersten Hominiden. Ihre ersten Vertreter waren die Australopithecine, die bereits einige Ähnlichkeiten mit dem Menschen aufwiesen jedoch noch zu den Vormenschen zählen.

Quartär

Die jüngste Periode der Erdneuzeit ist das Quartär. Es begann vor etwa 2,88 Millionen Jahren und gliedert sich in das Pleistozän und Holozän. Mit dem Begriff Quartär wurde die gesamte Zeitspanne der eiszeitlichen Klimaschwankungen der Erde zusammengefasst. Die Ozeane mit ihren Nebenmeeren und Landmassen erhielten in dieser Zeit ihren uns heute bekannten Zustand. Auch die Landmassen mit ihren heute noch existierenden Kontinenten mit Ebenen und Bergzügen bekamen ihre heutige Form. Das wichtigste Ereignis dieser Periode war aber die Erscheinung des Menschen. Das Quartär ist eindeutig die Epoche des Homo.

Aus den Menschenaffen entwickelten sich die Hominiden und aus denen die Frühmenschen. Die Letzteren unterschied von ihren Vorfahren eine wesentlich größere Gehirnmasse, die sich zum einen durch ihre Lebensweise, wozu auch der aufrechte Gang gehörte, wie auch zum anderen durch die reichhaltigere Ernährung entwickeln konnte. All das eröffnete dem Menschen völlig neue Entwicklungsmöglichkeiten und -wege. Das vorläufige Ende dieser Periode heißt Holozän. Es ist der jüngste Abschnitt der Erdgeschichte. Er reicht bis in unsere Zeit. Er begann vor etwa 11.700 Jahren nach der letzten Eiszeit.

Kennzeichnend für diese Periode sind die Aktivitäten des Menschen. Bisher haben weitgehend die Gesetze der Natur die Erde und ihr Aussehen gestaltet. Nun kam der Mensch als schöpferisches Wesen hinzu. Das äußere Aussehen unseres Planeten wurde und wird in dieser Zeit durch die Tätigkeiten und Lebensweisen des Menschen wesentlich mitgeprägt. Seine aktive Art sein Leben zu gestalten, übten und üben insbesondere einen großen Einfluss auf die Troposphäre und die obere Schicht der Erdkruste aus, was nicht nur positive Aspekte aufweist, wie die aktuellen Klimaveränderungen und ihre Folgen zeigen.

Fazit: Abschließend kann man feststellen, dass das über die Entwicklung des Makrokosmos Gesagte auch auf die Entwicklung der Erde zutrifft. Auch hier stellen wir ein - zwar auf einem anderen Level als im Makrokosmos - fortschreitenden Prozess der Komplexifikation fest. Er trifft insbesondere auf die Entstehung und Entwicklung des Lebens zu. Aus einfachsten Lebensformen entstehen immer höherentwickelte. Und auch die vielen Naturkatastrophen, die unseren Planeten in seiner Entwicklugsgeschichte heimsuchten, und durch die große Teile der Lebewesen immer wieder ausgelöscht wurden, konnten diesen Prozess nicht aufhalten. Das Leben setzt sich immer wieder durch und entwickelt noch höhere Lebensformen.

# Das bewusste Leben – Der Mensch

## Die Vorfahren des Menschen

Wie die meisten Entwicklungen war auch die, die zum Mensch-
sein führte, ein Prozess, dessen einzelne Etappen für uns heute
nur sehr schwer zu rekonstruieren sind. Die Fossilien, die wir
heute finden ergeben kein einheitliches Bild. Es scheint, dass es
auch bei der Entstehung des Menschen, wie wir ihn heute kennen, viele „Experimente der Natur" gab. Eine der frühesten Formen, die gemäß der zurzeit vorherrschenden Hypothese, zum
heutigen Menschen führten, waren die Australopitecine, von denen bereits im Quartär die Rede war. Ihre Existenz konnte durch
verhältnismäßig viele Fossilien insbesondere im südlichen und
östlichen Afrika belegt werden.

Charakteristisch für alle Australopitecine ist ihr aufrechter Gang
und das benutzen von Werkzeugen aus Stein. Es haben sich, bedingt durch die klimatischen und landschaftlichen Veränderungen zwei Hauptzweige der Australopitecine ausgebildet. Eines
mit einer robusten Kaumuskulatur und großen Backzähnen als
Anpassung an die hartfasrige Nahrung in der Savanne. Zu dieser
Art gehörten z.B.: Paranthropus robustus und Paranthropus
aethiopicus. Und eine andere, deren Kaumuskulatur nicht so ro-
bust war, was auf eine mehr und mehr auch fleischliche Nahrungsaufnahme hinweist.[60]

Zu den Australopithecine zählen folgende Unterarten: Australopithecus anamensis in Südafrika, Australopithecus africanus,
in Tansania, Australopithecus-afarensis, Paranthropus aethiopicus, Paranthropus boisei, Paranthropus robustus und Australopithecus sediba.

---

[60] Schrenk, Friedemann und Bromage, Timothy; Der Hominiden-Korridor
Südostafrikas. In: Spektrum der Wissenschaft, Nr. 8/2000, S. 51

Nach einer Hypothese von Friedemann Schrenk sieht die Entwicklung von den Australopitecine bis zum Homo sapiens wie in der folgenden Grafik dargestellt. Daraus resultiert die Feststellung: Afrika ist die „Wiege der Menschheit".

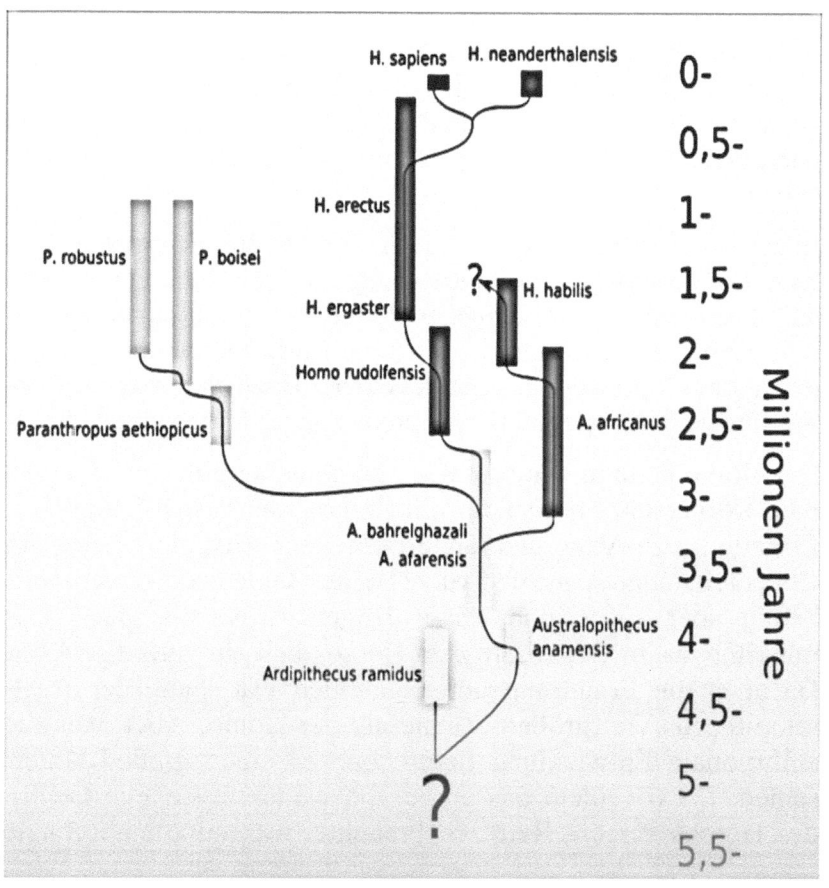

Stambaum der Entwicklung des Menschen nach Friedemann Schrenk[61]

---

[61] Schrenk, Friedemann; *Die Frühzeit des Menschen. Der Weg zu Homo sapiens*, Verlag C. H. Beck, 1997 und 2003, S. 122.

## Die Vorfahren des Homo sapiens

Wie man der Grafik von Schrenk entnehmen kann, hat sich vor etwa 2,5 Millionen Jahren aus der Gattung Australopithecine die erste Form der Gattung Homo entwickelt.

Früher zählte man zu den Standardmerkmalen der Gattung Homo die Benutzung von Werkzeugen. Wie sich später herausstellte, ist die Benutzung von Werkzeugen nicht die alleinige Eigenschaft des Menschen. Nach heutigen Erkenntnissen benutzen auch viele Tiere, und zwar nicht nur die Primaten, auch Werkzeuge.

In der neueren Zeit hatte man deshalb nicht nur ein einziges Unterschiedskriterium zu Grunde gelegt, sondern eine ganze Liste an Merkmalen zusammengestellt, die bei der Eingruppierung von Primaten zur Gattung Homo eine Rolle spielen und ihn von den Australopithecinen unterscheiden. Dazu gehörten sowohl morphologische wie auch verhaltensmäßige Unterschiede.[62]

Der Homo hatte im Unterschied zum Australopithecus viel größere Körperstatur und auch sein Gehirn war wesentlich größer. Er hatte kurze Arme und lange Beine, der Australopithecus im Gegenteil, lange Arme und kurze Beine. Beide waren zwar zweibeinig aber auf Grund seiner langen Arme war der Australopithecus im Gegensatz zum Homo auch ein guter Kletterer. Da auch die Ernährung unterschiedlich war, hatte der Australopithecus viel größere Zähne als der Homo. Auch was die embryonale Entwicklung betraf, gab es einen großen Unterschied. Da vor allem das große und weiterentwickelte Gehirn des Homos längere Reifezeit brauchte, war seine embryonale

---

[62] Wood B, Collard M.: *The human genus*. In: Science. 1999 Apr 2;284, S. 65-71

Entwicklung wesentlich langsamer und die Trag- und Kindheitszeit dadurch entsprechend länger.

Auch diese Kriterien konnten so manchen Streit um die Herkunft und Entwicklung des Homo nicht verhindern. Es liegt einfach daran, dass die Entwicklung und Differenzierung nicht revolutionär, das heißt sprunghaft, sondern evolutionär in langen Zeiträumen erfolgte. So mancher fossile Fund weist deshalb noch Eigenschaften, die nicht eindeutig sind, sondern auf der einen Seite noch der Vergangenheit angehören, und anderseits bereits Merkmale der Zukunft in sich tragen. Eines kann man jedoch auf jeden Fall sagen, jede neue Generation des Homo hatte immer mehr Merkmale, die eindeutig zukunftsweisend waren und in der vorläufig höchster Stufe der Gattung Homo, Homo sapiens mündeten.

Zu den ältesten Arten der Gattung Homo zählt man den Homo rudolfensis und Homo habilis. Der erste leitet seinen Namen von seinem Fossilenfundort ab, dem früheren Rudolfsee in Kenia. Den anderen hat man mit dem lateinischen Prädikat habilis versehen, was so viel wie der geschickte heißt. Homo habilis war etwas primitiver als Homo rudolfensis.[63] Ob der nächste in der Homo-Genealogie der Homo ergaster eine eigene Spezies oder eine frühe Form des Homo erectus war, ist unter den Wissenschaftlern umstritten. Homo erectus spielt in der Entwicklungsreihe des Menschen eine besondere Rolle. Er war der erste, der Afrika verlassen hatte und Eurasien besiedelte.

Ob die Fossilien des Homo heidelbergensis, der vor etwa 800.000 Jahren lebte, eine eigene Spezies bilden oder eine Entwicklungsstufe des Homo erectus in Europa sind, ist unter den Paläoanthropologen ebenfalls umstritten. Aus ihm entwickelte

---

[63] Schrenk, Friedemann: *Die Frühzeit des Menschen. Der Weg zum Homo sapiens.* C. H. Beck, München 1997, S. 70.

sich in Europa der Neandertaler mit dem wissenschaftlichen Namen Homo neanderthalensis.

Vor etwa 200.000 – 100.000[64] entwickelte sich aus dem in Afrika verbliebenen Homo erectus der Homo sapiens. Nachdem einige Populationen des Homo sapiens vor ca. 70.000 – 60.000 Afrika verließen und Eurasien besiedelten, lebten beide Arten – der Neandertaler und der Homo sapiens - parallel auf dem Doppelkontinent. Wie neuste DNA-Analysen der fossilen Funde beweisen, kam es an einigen Stellen in Osteuropa und in Sibirien zu einer Verpaarung des Homo sapiens mit dem Neandertaler.[65] In der jüngsten Zeit wird auch der sogenannte Mensch von Denisova, genannt nach einer Höhle im Altaigebirge, als eine eigene Unterart geführt, der zwar eng mit dem Neandertaler verwandt war, aber auch dem Homo sapiens nahe stand, jedoch genetisch sich von beiden unterschied. Der Vergleich der Genomsequenzen des Denisova-Menschen und des Homo sapiens zeigen, dass sich die beiden Arten mehrmals miteinander vermischten.

Wie die weitere Entwicklung der Gattung Homo zeigt, war der moderne Mensch aus der weiteren evolutionären Entwicklung als Sieger hervorgegangen. Die große Verbreitung des Homo sapiens, der in der folgenden Zeit alle Kontinente und klimatische Zonen besiedelte, zeugt von seiner großen Anpassungsfähigkeit

---

[64] Es ist nicht ausgeschlossen, dass diese Datierungen neu geschrieben werden müssen, nachdem der Mitarbeiter des Max-Plack-Instituts für evolutionäre Anthropologie in Leipzig, Jean-Jacques Hublin, in neuster Zeit Überreste eines Homo sapiens entdeckte, die auf die Zeit vor etwa 300.000 Jahren datiert werden. Demnach lebte Homo sapiens bereits 100.000 Jahre früher als man bisher datierte und das schon nördlich der Sahara. Er berichtete darüber im Fachblatt „Nature". Vgl. Der Tagesspiegel vom 8. Juni 2017, S. 25.
[65] Gamble, Clive; Gowlett, John; Dunbar, Robin: Evolution, Denken, Kultur. Das soziale Gehirn und die Entstehung des Menschen, Spektrum 2016, ISBN 978-3-662-46767-1, S.17ff.

an die jeweiligen klimatischen und landschaftlichen Bedingungen. Die ältesten fossilen Funde des modernen Menschen sind ca. 195.000 Jahre alt. Sie stammen aus dem Nordosten des afrikanischen Kontinents.

Der moderne Mensch zeichnet sich durch „großen, gestreckten Oberkörper, verlängerte Beine, großen Gehirnumfang, verringerten Sexualdimorphismus[66], verstärkten Fleischkonsum, einzigartige Merkmale der Lebensgeschichte (z. B. verlängerte Tragezeit und Langlebigkeit), sowie Herstellung von Werkzeugen und gesteigerte soziale Kooperation."[67]

## Homo sapiens sapiens

Auch der homo sapiens entwickelte sich weiter und so wird der moderne Mensch der letzten Entwicklungsstufe (sie begann vor ca. 100.000 Jahren) von der Wissenschaft als homo sapiens sapiens, der besonders weise, der kluge, der verständige Mensch bezeichnet. Er ist der einzige überlebende der Gattung Homo. Worauf bereits das Attribut besonders weiser, kluger, verständiger hinweist, ist das entscheidende Merkmal, das ihn aus der tierischen Welt heraushebt, das Bewusstsein[68] und alle damit

---

[66] Sexualdimorphismus liegt vor, wenn zwischen den Geschlechtern einer Art deutliche Unterschiede in der Gestalt, Größe, Färbung, Physiologie oder im Verhalten bestehen. Diese Unterschiede werden als sekundäre Geschlechtsmerkmale bezeichnet.

[67] Antón, Susan C.; Potts, Richard; und Aiello, Leslie C.: Evolution of early Homo: An integrated biological perspective. In: Science. Band 345, Nr. 6192, 2014. „large, linear bodies, elongated legs, large brain sizes, reduced sexual dimorphism, increased carnivory, and unique life history traits (e.g., extended ontogeny and longevity) as well as toolmaking and increased social cooperation."

[68] Unter Bewusstsein verstehen wir hier die Fähigkeit sich selbst, die eigene Eigenartigkeit, die Andersartigkeit der anderen Geschöpfe, und das Universum nicht nur wahrzunehmen, sondern auch zu reflektieren.

verbundenen mentalen Eigenschaften, wie ausgeprägtes Denken, Sprache, Reflexion.

Auch wenn man das Bewusstsein als eine neue Dimension in der Entwicklung des Universums betrachten kann, war es nicht in einem Entwicklungssprung, quasi „über Nacht", sondern in einem langen Prozess der Entfaltung, der Komplexifikation entstanden. In der jüngsten Zeit wird der Beginn der Evolution der kognitiven Fähigkeiten nicht erst bei den direkten Vorfahren der Menschen, den Hominiden, sondern bereits bei vielen Tierarten wie z.B. bei Vögeln, oder Bienen konstatiert.

Es waren viele Voraussetzungen notwendig, damit das Bewusstsein auf einer bestimmten Entwicklungsstufe evident zu Tage trat. Dabei spielte ein Organ eine besondere Rolle, das Gehirn. Seine Größe aber auch seine Komplexität waren dabei von besonderer Bedeutung. Nach Michael Tomasello, einem führenden amerikanischen Anthropologen und Verhaltensforscher hat bei der Entwicklung des Gehirns, seiner Größe und Komplexität das soziale Verhalten der Vorfahren des Menschen eine ausschlaggebende Rolle gespielt. Die Theorie des sozialen Gehirns weist auf einen Zusammenhang zwischen der Gehirngröße und der Gruppengröße der Hominini. In den größer werdenden Gruppen der Vorfahren der Menschen und der frühen Menschen wuchsen auch die Anforderungen an die Denkleistungen der einzelnen Individuen dieser Gruppen. Dies forderte und förderte komplexere Denkformen, die nur durch größer und komplexer werdende Gehirne gewährleistet werden konnten.

Bereits der Vater der Evolutionstheorie, Charles Darwin hat auf den evolutiven Charakter des menschlichen Denkens hingewiesen. Damit meinte er, dass die Denkprozesse bereits bei den höher organisierten Säugetieren begannen, ehe sie beim Menschen evident wurden. Er folgert daraus, dass die Unterschiede zwischen den Tieren und den Menschen nur graduell und nicht prinzipiell sind.[69] Seine Gedanken werden im 19. Jahrhundert auch von vielen philosophischen Denkrichtungen aufgegriffen, so z.B. vom Behaviorismus. Sie haben auch heute sehr viele Befürworter.

Es gibt aber auch Kritiker dieser rein reduktionistischen Erklärung des Bewusstseins, die es auf nur physikalische Prozesse der Evolution beschränkt. Zu Ihnen gehört Thomas Nagel, ein US-amerikanischer Philosoph, der sich unter anderem mit der Philosophie des Geistes befasst. Seiner Meinung nach sind, die Herkunft der mentalen Fähigkeiten des Menschen und ihre Grundlage nicht geklärt.[70] Das Bewusstsein stellt im gewissen Sinn eine neue Dimension des Seins dar, das sich auf rein biologisch-physikalische Prozesse nicht reduzieren lässt.[71]

Abschließend kann man sagen, dass - wie bereits bei der Entwicklung des Universums als Ganzes, wie auch der Erde als Planet - der Prozess der Komplexifikation ebenfalls bei der Entwicklung des Menschen und damit des Bewusstseins eine wichtige, ja, vielleicht sogar die wichtigste Rolle spielte.

---

[69] Darwin, Charles: *Die Abstammung des Menschen.* Fischer Verlag. 2009, S. 80ff

[70] Nagel, Thomas*: Geist und Kosmos. Warum die materialistische neodarwinistische Konzeption der Natur so gut wie sicher falsch ist.* Suhrkamp 2016, S. 49

[71] Ebenda, S. 83.

# Teil III: Die Komplementarität des Universums-Stoffes

*„Die Rückführung eines Dinges in die Vergangenheit bedeutet seine Auflösung in die einfachsten Elemente. Spürt man den letzten Fibern des menschlichen Gefüges so weit als möglich in der Richtung ihrer Ursprünge nach, so verlieren sie sich für unseren Blick schließlich im Weltstoff."[72]*

## Der Prozess der Komplexifikation

Der im Teil II beschriebene Entwicklungsprozess des Universums weist trotz aller Unterschiede in den verschiedenen Entwicklungsphasen eine gemeinsame Tendenz auf. Der Grad seiner Komplexität nimmt kontinuierlich zu. Aus den einfachsten Strukturen entstehen sowohl im Bereich des Mikro- wie auch des Makrokosmos immer komplexere Strukturen und Systeme. Und es scheint, dass sich der Prozess der Komplexifikation bis in die Gegenwart fortsetzt.

Man kann bei diesem Prozess von zwei Arten der Komplexifikation sprechen: einer quantitativen und einer qualitativen. Bei der ersteren nimmt vor allem die Menge der einzelnen Strukturen des Universums stetig zu. Mit der anderen, der qualitativen Komplexifikation haben wir insbesondere im Bereich des Mikrokosmos zu tun. Hier geht es um das Entstehen von immer komplexeren chemischen Verbindungen. Ihr Charakteristikum besteht darin, dass die neuen Strukturen nicht nur mannigfaltiger sind als die Ausgangsprodukte, sondern auch über völlig andre

---

[72] Teilhard de Chardin, Pierre; Der Mensch im Kosmos, München 1959, S. 27.

chemisch-physikalischen Eigenschaften verfügen. Man kann sagen, sie stellen eine andere Qualität des Seins dar.

Nach dem Urknall bildet sich aus einer Einfachheit und Einigkeit (Ursingularität) immer größer werdende Diversität (Vielfalt) an chemischen und physikalischen Strukturen. Aus den Quarks werden subatomare Teilchen gebildet, wie Elektronen, Protonen, Neutronen. Aus diesen entstehen zuerst leichte chemische Elemente wie Wasserstoff und Helium. In der weiteren Differenzierung des Urplasmas während der Bildung von Masseansammlungen (Voids und Filamente), die zur Entstehung der ersten massereichen Sterne führen, entstehen immer schwerere chemisch Elemente wie Sauerstoff, Kohlenstoff, Eisen u. ä.. In dieser Phase ist auch die Bildung der ersten einfachen chemischen Verbindungen anzunehmen. Es ist sehr wahrscheinlich, dass die nun existierenden Atome des Wasserstoffs und des Sauerstoffs zu Molekülen des Wassers reagieren. Ähnliches kann man über die Reaktionen zwischen Sauerstoff und Kohlenstoff und weiteren nun existierenden chemischen Elemente untereinander annehmen.

Auch die Differenzierung im Bereich des Makrokosmos nimmt komplexere Formen an. Sie läutet den Beginn einer neuen Entwicklungsphase des Universums ein, der Bildung erster massereicher Sterne, deren Lebensdauer aber nur verhältnismäßig kurz ist. Die Explosion der massereichen Sterne am Ende ihres Lebens führt zur Bildung noch schwererer Atome, wie z.B. Eisen, Uran u.ä.. Auch im atomaren Bereich setzt sich die Differenzierung und Komplexifizierung fort. Aus den einfachen chemischen Verbindungen entstehen unter bestimmten Bedingungen immer komplexeren Systeme. Aus Monomeren entstehen Polymere. Aus anorganischen Polymeren bilden sich die ersten präorganischen Verbindungen und im Bereich des Makrokosmos die ersten Ursternhaufen und -galaxien. Daraus dann die späteren Generationen von Sternen, Planetensystemen,

Sternhaufen und Galaxien, bis in die Gegenwart. Auch hier nimmt die Komplexität stetig zu.

Was wir über die Entwicklung des Universums seit dem Urknall gesagt haben, trifft auch im kleineren Maßstab auf die Entwicklung der Erde zu. Auch ihre Entwicklung bringt immer komplexere und differenziertere Strukturen hervor. Und die Entdeckungen der letzten Jahre zeigen, dass unser Planet keineswegs eine Sondererscheinung im Universum einnimmt. Es werden immer mehr Planetensysteme entdeckt, die dem Sonnensystem sehr ähnlich sind und die auch erdähnliche Planeten aufweisen. Der Prozess ihrer Entstehung ähnelt mit hoher Wahrscheinlichkeit, der Entwicklung, die wir über die Entstehung des Sonnensystems annehmen.

In einer Protoplanetaren Gas-Staub-Scheibe kommt es zur Bildung punktuellen Gas-Staubansammlungen die sich in einem langen Prozess zu dem heute existierende Sonnensystem umwandeln. Einer dieser Urplaneten ist die Erde. Die zuerst Gas-Staubansammlung verdichtet sich zu einer flüssigen „Kugel" aus der sich nach und nach unser Heimatplanet bildet. Seine Systeme „ordnen" sich im Laufe einer langen Zeit. Die Erde erstarrt zwar im physikalischen Sinn nicht aber in ihrer Entwicklung. Jede Epoche ihrer Geschichte bringt immer neuere, komplexere Strukturen hervor. Irgendwann durchbricht diese Entwicklung die „Schalmauer" des Lebens. Das Universum erreicht die Entwicklungsstufe der Biosphäre.[73] Die Biochemie kennt heute ca. 40 Millionen organische Verbindungen.

---

[73] Die Biosphäre leitet sich vom griechischen βίος = „das Leben" und σφαίρα = „die Kugel". Sie bezeichnet gewöhnlich den Raum, in dem Leben vorkommt. In unserem Kontext meint sie jedoch mehr. Angelehnt an Teilhardt de Chardin versteht man hier unter Biosphäre die Entwicklungsstufe des Universums, die zum Entstehen des Lebens führte. Die

Wie die Gesamtentwicklung des Universums bleibt auch das Leben nicht auf seiner niedrigsten Stufe stehen, sondern differenziert sich in immer neuere, höhere, komplexere Formen. Nicht einmal Katastrophen können diesen Siegeszug des Lebens aufhalten. Im Gegenteil, es scheint, als ob nach jeder Katastrophe das Leben zu noch intensiveren Entfaltung stimuliert wird. Das Leben - einmal da gewesen - findet immer neue Wege sich fortzuentwickeln. Man kann sagen, jede Bedrohung seiner Existenz, jedes Ereignis, das es auszulöschen droht, ist ein „Anlass" dazu, noch bessere, noch fortschrittlichere, noch komplexere Formen hervorzubringen. Diese Entwicklung kulminiert in der höchsten Form des Lebens, die uns bekannt ist, im Leben, das sich nicht nur reproduzieren, sondern über sich selbst und die Welt reflektieren kann. Die neue Form der Existenz heißt Bewusstsein, das zwar bereits hier und da auch in den niedrigeren Lebensformen „durchschimmert". Evident wird es aber erst mit der Erscheinung des Menschen.

Die Hominisation[74] ist damit ein weiterer „Quantensprung" in der Entwicklung des Universums, nach der Entstehung des Lebens. Es ist durchaus ein Ereignis von universaler Bedeutung, obwohl es sich auf einem Planeten ereignete, der im Universumsmaßstab gedacht, nichts Besonderes ist. Nun gibt es ein Wesen, das die Fähigkeit besitzt, ja stets fortentwickelt, die Existenz und Dimensionen des Universums selbst zu reflektieren und zu erforschen.

---

Biosphäre der Erde ist damit ein erfahrbarer Beweis dieser gesamtkosmischen Entwicklung.

[74] Hominisation vom lateinischen „homo" = „der Mensch" meint den Prozess der *Menschwerdung*, in dem sich sowohl die morphologischen wie auch verhaltensmäßigen Unterschiede zwischen dem Menschen und seinen Vorfahren entwickelten, die insbesondere mit seinen geistigen und sozialen Leistungen einhergingen.

Durch den Prozess der Hominisation erreicht die Entwicklung des Universums damit eine neue Stufe, die des Bewussten. Pierre Teilhard de Chardin bringt dieses Faktum sehr bildhaft zum Ausdruck. Er schreibt in seinem Hauptwerk *„Der Mensch im Kosmos"*: *„Als sich der Instinkt eines Lebewesens zum ersten Mal im Spiegel seines selbst erblickte, machte die Welt einen Schritt vorwärts."*[75] Er nennt diese neue Entwicklungsstufe des Universums die Noosphäre.[76]

Dem Bewusstsein verdankt der Mensch die Fähigkeit sein Verhalten zu reflektieren und dadurch Strategien zu entwickeln, die ihm das Überleben auch unter extremsten Bedingungen ermöglichten. Das wichtigste Organ, das ihm all das ermöglicht, ist das Gehirn, das im Gegensatz zu allen anderen Organen und Extremitäten im Lauf seiner evolutionären Entwicklung an Größe und Masse zunimmt. Dabei spielt auch hier nicht nur die physische Größe des Organs eine Rolle, sondern auch und vor allem seine Komplexität.[77]

---

[75] Theilhard de Chardin, Pierre, Der Mensch im Kosmos, München 1981, S. 182.

[76] Pierre Theilhardt de Chardin leitete den Begriff der **Noosphäre** vom altgriechischen *voῦç*, „Geist", „Verstand" ab. In diesem Sinn bedeutet die Noosphäre die Entwicklungsstufe des Universums, in der das Bewusstsein, der Geist, der Verstand in Erscheinung trat.

[77] Die meisten Anthropologen sind der Meinung, dass alle diese Fähigkeiten die Folge einer natürlichen evolutionären Entwicklung sind. Der Geist, das Bewusstsein - behaupten sie - ist nichts anderes als elektrische Ströme, die unser Gehirn durchkreuzen und Dank der unzähligen Synapsen, das was wir Gedanken und Reflexionen nennen, erzeugen. Es ist die so genannte reduktionistische Theorie, die auch unsere Gedankenwelt auf rein materialistische Grundlage zurückführt. Diesem Standpunkt widersprechen einige wenige Naturwissenschaftler und Philosophen, die den Reduktionismus ablehnen.

Die Fähigkeit zu denken ermöglicht dem Menschen die „Eroberung" der Welt unabhängig von den örtlichen Bedingungen. Er beherrscht nun sowohl die tropischen, subtropischen, wie auch die gemäßigten, ja, sogar die polaren Gebiete der Erde. Er siedelt in Urwäldern, auf den Ebenen und Bergen aber auch in Wüsten. Er verdankt das seinen geistigen Fähigkeiten, sich an extremste Bedingungen anzupassen. Seine einzelnen körperlichen Anlagen sind zwar verglichen mit seinen Vorgängern nicht so gut entwickelt, ja, man könnte sagen, einiges entwickelt sich gar zurück. Das hindert ihn dennoch nicht auch den Lebewesen überlegen zu sein, die ihm körperlich überlegen sind. Wo sein Körper an Grenzen stößt, ermöglichen ihm seine geistigen Fähigkeiten, sich der Umwelt in Form von ausgeklügelten Werkzeugen und Strategien zu bedienen, um sich durchzusetzen, ja andere lebende Geschöpfe und die Welt zu beherrschen. Er ist im wahrsten Sinne des Wortes zu einem Generalisten geworden. Er kann fliegen, er ist schneller und kann tiefer tauchen als jedes andere Lebewesen, obwohl sein Körper für all das nicht geeignet ist. Er schafft sich dank seiner geistigen Fähigkeiten die entsprechenden Geräte, die es im all das ermöglicht, und ihm die Überlegenheit über alle anderen Geschöpfe sichern.

Der Mensch schafft Erstaunliches. Seine schöpferischen Werke in den Bereichen der Kultur und der Wissenschaft sind bewundernswert. Er kann über sich selbst hinauswachsen und ist fähig zu großartigen Taten; er macht sich sogar auf den Weg, um außerirdische Welten zu erkunden und zu erobern.

Er greift aber auch in das Ökosystem des Planeten, beschleunigt dadurch natürliche Entwicklungsprozesse, bringt zusammenhängende Systeme aus dem Gleichgewicht, entscheidet über das Wohl und Wehe der anderen Kreaturen und bedroht dadurch die Existenzen vieler Arten. Er macht sich im wahrsten leider nicht immer positiven Sinne des Wortes zum Herrn der Schöpfung.

Er ist mit all diesen Fähigkeiten eine uns – zunächst bislang bekannt, einmalige Erscheinung im Universum. Man kann sich heutigen Bildern bedienend sagen, er ist komplexer als jeder noch so hoch entwickelte Computer.

Wenn man all das oben Gesagte zusammenfasst, stellt sich einem unwillkürlich die Frage: Ist der heutige Zustand des Universums sein endgültiger Entwicklungsstand? Wahrscheinlich nicht. Die Zukunft wird zeigen, welche Formen und Strukturen sowohl im Makro- wie auch im Mikrokosmos das Universum künftig noch hervorbringt?

## Komplexifikation und Evolution

Bei beiden handelt es sich um Prozesse, die Entwicklungsetappen des Universums beschreiben. Der wesentliche Unterschied zwischen beiden ist der Umfang der von ihnen beschriebenen Wirklichkeit.

Die Komplexifikation – wie wir sie oben detailliert beschrieben haben - umfängt die immer komplexere Entwicklung des Universums, seit seiner Entstehung nach dem so genannten Urknall. Die Evolution, oder besser gesagt die biologische Evolutionstheorie beschreibt nur die Entwicklung der lebenden Organismen, seit der Entstehung des Lebens. Die Wissenschaft ist sich jedoch nicht sicher wann und wo das Letztere geschehen ist. Eine der Hypothesen geht davon aus, dass das Leben vor etwa 4. Milliarden Jahren durch die so genannte Spontanzeugung auf der Urerde entstanden ist. Andere meinen, dass es im interstellaren Raum entstand und von dort im gewissen Sinn die Erde mit dem Leben „geimpft" wurde.

Ein weiterer Unterschied betrifft die Kraft, die die beiden Prozesse in Gang setzen und am Leben erhalten. Während sich bei

der Komplexifikation um eine dem Stoff des Universums imma-
nente Kraft handelt, die den Prozess quasi endogen antreibt und
steuert, wird die Evolution durch äußere Faktoren beeinflusst.
Zu den wichtigsten gehören die Mutation und die Selektion.

Unter Mutation (vom lat. mutare „ändern, verwandeln") versteht
man in der Biologie eine spontan auftretende, dauerhafte Veränderung des Erbgutes.[78] Wobei die Mutation durchaus durch äußere Einflüsse bewirkt werden kann. Die Mutation verändert zunächst das Erbgut nur einer Zelle, wird aber an deren Tochter-
zellen weitergegeben. Bei Einzellern entsteht dadurch ein neues,
sich von der Mutterzelle unterscheidendes Individuum. Bei den
Mehrzellern entsteht nur dann ein neuer Organismus, wenn die
Mutation in der Keimbahn erfolgte.

Bei der Selektion (vom lat. selectio „Auswahl", „Auslese") unterscheidet man drei verschiedene Arten: die natürliche Selektion, die sexuelle Selektion und die künstliche Selektion. Die natürliche Selektion besteht darin, dass einige Individuen einer Po-
pulation, bewirkt durch äußere Umstände, sich stärker vermehren als andere. Die sexuelle Selektion wird gesteuert durch die
Auswahl von Individuen durch die Sexualpartner. In der künst-
lichen Selektion, steuert der Menschen durch gezielte Auswahl.
Abschließend kann man sagen, dass es sich bei der Komplexifikation um einen grundsätzlichen Prozess in der Entwicklung des Universums handelt, der allem Seienden immanent ist.
Die Evolution aber nur einen Teil der Wirklichkeit beschreibt
und die in ihr von statten gehenden Prozesse im Wesentlichen
mit äußeren Faktoren begründet.

---

[78] Herder Lexikon der Biologie, 2004: Mutation w [von latein. mutatio =
Veränderung; Verb mutieren], spontane, d. h. natürlich verursachte, oder
durch Mutagene induzierte Veränderung des Erbguts (Veränderung der Ba-
sensequenz), die sich möglicherweise phänotypisch (Phänotyp; z. B. in
Form einer „Degeneration") manifestiert.

## Die Komplexifikation ist ein immanentes Attribut des Universumsstoffes?

Wir stellen fest, dass die Diversität und damit auch die Komplexität des Universums seit seiner Entstehung im Urknall stetig zunehmen. Wir stellen weiterhin fest, dass die Komplexifikation ein Merkmal ist, das in jeder Entwicklungsphase sowohl des Mikro- wie auch des Makrokosmos evident wird. Sie scheint ein immanentes Attribut des Stoffes zu sein, aus dem das gesamte Universum einschließlich uns selbst aufgebaut ist. Zugleich stellen wir aber auch fest, dass die beobachtbare Materie- und Energiemenge nicht ausreichen, um die Vorgänge im beobachtbaren Universum zu erklären, deshalb wird eine experimentell nicht erfass- und messbare Dunkle Energie und Materie postuliert.

### Offene Fragen

Das führt uns wiederum zu der Frage: Welcher Art ist die Kraft, die diesen Komplexifikationsprozess antreibt? Ist es reiner Zufall, wie es die Evolutionstheorie behauptet? Sind es nur die physikalischen Gesetze, die von der allgemeinen und speziellen Relativitätstheorie Albert Einsteins beschrieben werden? Auch die können nicht alle kosmischen Phänomene erklären. Oder gibt es andere Möglichkeiten, ja Notwendigkeiten von Deutungen?

Wie bereits gesagt, reichen die feststellbaren Materie- und Energiemengen nicht aus, um die Bildung eines Universums zu erklären, wie wir es heute beobachten. Es werden deshalb zwei metaphysische Größen, (also über die physikalische Erklärungen hinausgehende), der Dunklen Materie und der Dunklen Energie angenommen, um ein schlüssiges Model der

Entwicklung des Universums zu beschreiben. Welcher Art sind aber diese Dunkle Materie und Dunkle Energie? Wenn ihre Menge um das Vielfache die Menge der physikalischen Materie und Energie überschreitet, warum können wir sie dann nicht direkt erfassen und messen? Sind sie völlig anderer Natur als das, was die Naturwissenschaften heute unter Materie und Energie verstehen? Sind sie an die bestehende Materie und Energie gebunden, oder existieren sie völlig unabhängig von diesen? Es sind alles Fragen, auf die es bisher keine schlüssigen Antworten gibt.

Eine weitere Fragestellung, die die Naturwissenschaften nicht hinreichend beantworten können, ist die Frage danach, was bewirkt, dass die „tote" Materie unter bestimmten Bedingungen die Schwelle zum Leben überschreitet und in der weiteren Entwicklung das Bewusstsein hervorbringt. Die Voraussetzungen, die dazu geführt haben, sind bis heute unbekannt. Ist das Überschreiten dieser beiden Schwellen rein physikalisch- chemischer Natur, wie es die Reduktionisten behaupten, die alle Vorgänge im Bereich des Lebenden und Bewussten auf rein physikalische, chemische und biologische Prozesse zurückführen? Oder haben das Leben und das Bewusstsein noch andere Dimensionen als nur materielle? Wenn ja, muss es auch eine Ursache dafür geben, die vielleicht in der Struktur des Grundstoffes zu suchen ist, aus dem das Universum besteht.

### Dunkle Materie und Energie

*„Dunkle Materie (DM) ist Materie, die wir nicht sehen, nicht im optischen Bereich oder im Radiobereich des Spektrums und auch nicht in einem anderen Bereich des elektromagnetischen Spektrums. Aber gewisse Beobachtungsfakten deuten darauf, dass es viel mehr Materie geben muss als bekannt ist.*[79] Die

---

[79] Klaas S. de Boer: *Dunkle Materie. Weshalb? Wie viel? Wo?*. www.astro.uni-bonn.de. Abgerufen am 21. August 2018.

Dunkle Materie wird postuliert, weil nur durch ihre Annahme die Gravitationsgeschehen im heutigen Universum beschrieben werden können. Nur so kann z.B. die Bewegung der sichtbaren Materie erklärt werden, insbesondere die Geschwindigkeit, mit der sichtbare Sterne das Zentrum ihrer Galaxie umkreisen. *„Normalerweise sollte die Rotationsgeschwindigkeit nach außen in der Galaxis etwa wie $r^{-0.5}$ abnehmen. Die Beobachtungen zeigen aber eine nach außen hin konstante Geschwindigkeit, die Rotationskurve ist 'flach'. Eine flach bleibende Rotationskurve kann man verstehen, wenn die Galaxis mehr Masse enthält, als im Rotationsmodell berücksichtigt wurde. Aber für zusätzliche Masse gibt es sonst keinen Hinweis! Das heißt, auch hier braucht man Dunkle Materie. Und die Menge könnte gigantisch sein. Unsere Galaxis hat 1 - 2 $10^{11}$ Sonnenmassen (100 bis 200 Milliarden) an sichtbarer Materie, die Erkenntnisse zur Dunklen Materie führen, je nach Modell, zu einer 5- bis 10-fachen Menge an Materie!*[80] Gemäß dem Dritten Keplerschen Gesetz und dem Newtonschen Gravitationsgesetz nimmt die Umlaufgeschwindigkeit der Planeten mit der wachsenden Entfernung von der Sonne ab. Übertragen auf die Bewegung der Sterne um ihre Galaxienzentren würde das bedeuten, dass je weiter sich ein Stern vom Galaxienzentrum befindet, umso geringer müsste seine Umlaufgeschwindigkeit sein. Die Beobachtungen zeigen jedoch, dass dem nicht so ist. Sie bewegen sich nämlich mit der gleichen oder sogar mit einer leicht ansteigenden Geschwindigkeit. Der Grund dafür ist bis heute unbekannt.

Auch bei der Erklärung des sogenannten Gravitationslineseneffektes, wird die Dunkle Materie postuliert. Er ist viel stärker als das berechnete Modell es vorsieht. Seine Stärke ist mit der vorhandenen physikalischen Materie nicht zu erklären. Die Dunkle

---

[80] Klaas S. de Boer: *Dunkle Materie. Weshalb? Wie viel? Wo?*. www.astro.uni-bonn.de. Abgerufen am 21. August 2018.

Materie ist eine hypothetische Größe, deren weder Natur noch Existenz bisher bewiesen werden konnte.

Ebenso verhält es sich mit der Dunklen Energie. Sie wird angenommen, um gewisse andere „Anomalien" in den Beobachtungen des Universums zu erklären. Gemäß der allgemeinen Relativitätstheorie müsste die Expansionsgeschwindigkeit des Universums seit dem Urknall, bewirkt durch die von der Materie ausgeübte Gravitation, stetig abnehmen. Die Beobachtungen zeigen jedoch im Gegensatz eine Beschleunigung der Expansion. Dieser Effekt wird nun auf die Dunkle Energie zurückgeführt. Es gibt gegenwärtig viele Modelle, die die Dunkle Energie beschreiben. Man postuliert z.b. den Wert der sogenannten kosmologischen Konstante anzupassen. Andere sehen in ihr eine Art Vakuumenergie, die in der Quantenfeldtheorie auftritt. Noch ein anderes Modell interpretiert sie als die Wirkung eines Skalarfeldes. Keines von ihnen ist jedoch schlüssig genug, um eine endgültige Erklärung zu liefern. Experimentell konnte man bisher weder die Dunkle Materie noch die Dunkle Energie nachweisen.

### Das Phänomen der Quantenverschränkung

Die Quantenverschränkung wird auch seltener als Quantenkorrelation bezeichnet. In der Quantenmechanik versteht man darunter einen Zustand von zwei oder mehr Teilchen, der sich nicht als Kombination unabhängiger Einzel-Teilchen-Zustände beschreiben lässt, sondern nur durch einen gemeinsamen Zustand. Mit anderen Worten, die Observablen[81] verschränkter Teilchen eines Systems, z.B. ihr Spin, sind korreliert, auch wenn sie weit voneinander entfernt sind. Sie „verhalten" sich so, als ob sie „aneinander gebunden" wären, obwohl es zwischen ihnen keinen Kommunikationskanal gibt, wie ihn die klassische Physik

---

[81] Darunter versteht man messbare Eigenschaften eines Teilchens wie z. B. seine Energie, seine Ortskoordinaten, die Komponenten seines Spins.

vorsehen würde. Einstein spricht in diesem Zusammenhang von der „spukhaften Fernwirkung".[82] Der Zustand des verschränkten Systems erstreckt sich über die gesamte räumliche Verteilung der Einzelteilchen. Ursprünglich dachte man, dass es sich nur um mikroskopische Systeme handelt. In jüngerer Zeit konnte man jedoch nachweisen, dass dieses Phänomen auch in makroskopischen Systemen vorkommt. Verschränkte Systeme haben komplementäre Eigenschaften, die aus ihnen bestehende Teilchen können zwar auch über große räumliche Entfernung miteinander wechselwirken, obwohl zwischen ihnen keine Informationen übertragen werden. Welcher Natur diese Wechselwirkung auf Distanz ist, wurde bisher nicht hinlänglich geklärt.

### Die Feldtheorie und Fernwirkung

Um den Widerspruch zwischen der Kausalität und der Fernwirkung zu beheben hat man in der Physik den Begriff *Feld* eingeführt. Der englische Naturforscher Michael Faraday und der Schotte James Clerk Maxwell führten den Begriff z. B.: in Bezug auf den Elektromagnetismus ein. Sie waren allerdings der Meinung, dass das elektromagnetische Feld nur ein angeregter Zustand des Äthers ist. Nachdem jedoch die Äthertheorie aufgegeben wurde, hat man die Feldtheorie auch auf Wechselwirkungen in Vakuumräumen erweitert. Die Kraftwirkung zwischen zwei Körpern im leeren Raum wird dadurch erklärt, dass ein Feld diese Größen von einem Körper aufnimmt und sie auf den anderen Körper überträgt. Das Feld wird seitdem zur Beschreibung der Fernwechselwirkungen zwischen zwei physikalischen Größen verwendet. Die Physik kennt vier fundamentale Wechselwirkungen: Gravitation, Elektromagnetismus, schwache Wechselwirkung und starke Wechselwirkung. Sie werden auch als die vier Grundkräfte der Physik bezeichnet. Mit ihnen lassen sich sämtliche bekannten physikalischen Prozesse beschreiben,

---

[82] Vergl.: Max Born, Albert Einstein: *Albert Einstein, Max Born. Briefwechsel 1916–1955*. München (Nymphenburger) 1955, S. 210.

und zwar sowohl Prozesse zwischen Elementarteilchen wie auch zwischen Materie in makroskopischen Ausmaßen, sei es auf der Erde, in Sternen, in Galaxien oder im ganzen Universum. Möglicherweise sind aber diese vier fundamentalen Wechselwirkungen und ihre Kräfte nur das Erscheinungsbild einer einzigen Grundkraft!?

Die Theorie, die alle vier Grundkräfte zu vereinen sucht, wird *Weltformel* oder *Theory of Everything* (*TOE*) genannt. Zu den bekanntesten Versuchen gehören die Stringtheorien oder Superstringtheorien, auch wenn sie bisher in keinem Experiment nachgewiesen werden konnten. Es ist also nicht auszuschließen, dass wir nur mit einer Grundkraft zu tun haben. Wenn ja, welcher Natur ist sie dann?

## Das Leben

Wann das Leben auf der Erde wahrscheinlich entstanden ist, haben wir an einer anderen Stelle bereits beschrieben. Hier beschäftig uns die Frage: Was war der Impuls, der zur Entstehung des Lebens geführt hat und zwar unabhängig davon, ob das Leben auf der Urerde selbst entstand, oder es, wie einige Theorien meinen, durch eine Art „Impfung" aus dem All auf die Erde kam? Zuerst interessiert uns die Frage: Welche chemischen Elemente eine bedeutende Rolle bei der Entstehung des Lebens gespielt haben? Und warum gerade diese die Grundlage aller organischen Substanzen bilden? Im zweiten Schritt wenden wir uns dem Leben als solchen zu: Was unterscheidet Lebendes vom Nichtlebenden? Über welche Eigenschaften verfügt nun die lebende Materie?

### Seine chemischen Grundlagen

Zu den herausragenden chemischen Elementen, die das Leben in der Art bestimmen, wie wir es auf unserem Planeten kennen, gehören neben Wasserstoff und Sauerstoff auch Kohlenstoff.

Die beiden ersteren sind die Bausteine des Wassers, das eine Art Plattform für organische Substanzen bildet. Wasser ist aufgrund seiner besonderen chemisch-physikalischen Eigenschaften als Trägerlösung sämtlicher biochemischer Reaktionen und Prozesse von essentieller Bedeutung. Aber auch in den anderen organischen Verbindungen, bei denen wiederum Kohlenstoff eine Art „Skelett" bildet, spielen Wasserstoff und Sauerstoff eine herausragende Rolle. Der Aufbau des Kohlenstoffatoms ermöglicht Bindungen mit vielen anderen Atomen, was eine wichtige Rolle bei der Bildung von organischen Verbindungen spielt. Diese Tatsache ist die Grundlage für die unglaubliche Vielfalt an einfachen und komplexen organischen Molekülen, die die Natur hervorbringt. Die freien Andockmöglichkeiten des Kohlenstoffgerüsts werden im einfachsten Falle von Wasserstoff besetzt. Sie werden deshalb auch Kohlenwasserstoffe genannt. Durch Kombination mit anderen Atomen z.B. Stickstoff entstehen die sogenannten Aminogruppen, die zu den Grundbausteinen des Lebens gehören.

Neben den vier Grundelementen gehören noch sieben weitere chemische Elemente dazu, die das molekulare Leben bestimmen. Es handelt sich um die Alkalimetalle Natrium und Kalium, die Erdalkalimetalle Magnesium und Kalzium, die Nichtmetalle Phosphor und Schwefel und das Halogen Chlor. Phosphor und Schwefel findet man häufig in Form der Säureanionen Phosphat und Sulphat. Ersteres findet man u.a. in den Nukleinsäuren DNA und RNA und den Phospholipiden, die die Zellmembranen aufbauen. Die DNA und RNA sind von fundamentaler Wichtigkeit bei der Reproduktion des Lebens, die eine seiner konstitutiven Eigenschaften ist. Hinzukommen noch die Spurenelemente Eisen, Mangan, Kupfer und Jod.

Aus all diesen chemischen Elementen, die in komplexen Verbindungen vorkommem, bestehen die Grundbausteine des Lebens. Zu ihnen gehören: die vielgestaltigen Makromoleküle der

Proteine, deren besonders wichtige Funktion ist, neue Zellen aufzubauen oder bestehende Zellen zu reparieren; die Kohlenhydrate als Energielieferanten und -speicher und in Form der Homopolysaccharide wichtige Bausteine; die nicht wasserlöslichen Lipide, die in Form der Fette ebenso wie die Zucker Energielieferanten und -reserve sind; die Nukleinsäuren als Träger der genetischen Informationen und nicht zuletzt die Porphyrine und Terpene.

All das sind, in Kürze dargestellt, die chemischen Grundlagen des Lebens. Das alles sagt aber noch nichts darüber aus, warum gerade diese Kombinationen an chemischen Reaktionen und Prozessen die Schranke des Lebens überschreitet und damit eine neue Dimension des Seins hervorbringt. Obwohl die chemischen Prozesse und Strukturen sich im Wesentlichen nicht von denen unterscheiden, die auch die anorganische Welt ausmachen, ist die Biowelt eine fällig neue Art des Seins, mit eigenen Verhaltensweisen und Gesetzen. Das hat zur Folge, dass obwohl bereits sehr viele organische Stoffe im Labor nachgebildet werden können, es bisher nicht gelungen ist, ihnen auch das Leben „einzuhauchen". Organisch bedeutet noch nicht lebend. Es muss also noch das gewisse Etwas geben, dass das Leben selbst ausmacht.

**Die Eigenschaften des Lebens**

Was hebt nun die biologischen Körper aus der „toten" Materie heraus? Was sind also die wichtigsten Eigenschaften des Lebens, die es von der nicht belebten Materie unterscheiden?

Da ist zunächst einmal der viel höhere Grad an Komplexität seiner physikalisch-chemischer Bausteine verglichen mit nicht organischen Substanzen. Wahrscheinlich ist es auch eine der wichtigsten Voraussetzung für die Entstehung des Lebens und seiner wichtigsten Eigenschaft, der Selbstorganisation. Einmal die Schwelle des Lebens überschritten, können lebende Organismen wachsen, sich reproduzieren, miteinander kommunizieren, Gemeinschaften bilden, sich „zielorientiert" verhalten.

Lebewesen können also Informationen aus ihrer Umwelt aufnehmen, auf diese reagieren und mit anderen austauschen. Sie sind in der Lage, sich fortzupflanzen und sich zu vermehren. Sie besitzen zum Aufbau und Aufrechterhaltung ihres Körpers und seiner Funktionen einen eigenen inneren „Mechanismus", den man Stoffwechsel nennt. Lebewesen wachsen und entwickeln sich, ja, sie kommunizieren miteinander.

Kommunikation ist eine Grundbedingung alles Lebenden. Alle lebenden Systeme sind so beschaffen, dass sie aus der internen aber auch äußeren Kommunikation und dem Informationsaustausch durch die so entstehenden Synergieprozesse neue Energie gewinnen. Die externe Kommunikation der Zellen in vielzelligen Organismen ist darüber hinaus Voraussetzung für fast jede Form mehrzelligen Lebens. Und je komplexer ein Organismus ist, umso intensiver und evidenter sind auch die Kommunikations- und Austauschformen. Und auch das führt wiederum zu der Frage: Warum ist das so? Handelt es sich hier nur um einen rein physikalisch-chemischen Prozess, oder haben wir hier mit einer neuen Form des Seins zu tun, die noch andere Dimensionen aufweist, als die vordergründigen physikalisch-chemischen?

All das beginnt mindestens ansatzweise bereits bei den primitivsten Lebewesen, den Einzellern. Und je höher die Entwicklungsstufe eines Lebewesens - man könnte auch sagen, je komplexer ein lebender Organismus ist, umso intensiver und evidenter treten all diese Eigenschaften zum Vorschein. Es gibt unzählige Beispiele dafür, dass bereits Einzeller neben all den internen Prozessen, die ihr Leben steuern auch solche Eigenschaften, wie Kommunikation und Informationsaustusch mit anderen Einzelorganismen aufweisen. Die amerikanischen Biologen William C. Ratcliff, R. Ford Denison u.a. beschreiben z. B. wie sie im

Labor aus einem einzelligen Laborstamm der Backhefe binnen weniger Generationen durch einen gezielten Selektionsdruck einfache mehrzellige Kolonien und Aggregate erzeugen konnten.[83] Dieser Prozess setzt eine wie auch immer geartete Kommunikation und einen Informationsaustausch zwischen den ursprünglichen Einzellern.

Die Erkenntnis, dass es neben der internen auch eine externe Kommunikation zwischen einzelnen Organismen der Flora und Fauna gibt, ist heute ein bewiesenes und allgemein anerkanntes Faktum. Es ist z. B. bekannt, dass während Giraffen in Afrika Blätter eines Akazienbaumes fressen, dieser nach einer Weile Bitterstoffe produziert, die die Tiere „abhalten sollen", ihn kahl zu fressen, zugleich aber auch chemische Informationsstoffe an die umliegenden anderen Akazien sendet, um diese zu „warnen".[84] Das ist nur eine von vielen Kommunikationsarten der Bäume, die Peter Wohlleben in seinem zum Bestseller gewordenen Buch „*Das geheime Leben der Bäume*" beschreibt. Bäume scheinen darüber hinaus über eine ganze Palette an anderen Kommunikationskanälen zu verfügen, die sie mit ihren Artgenossen verbinden.

Eine andere Beobachtung, die auf ein „zielorientiertes" Verhalten der Bäume hinweist, habe ich selbst gemacht: Während der mehrere Monate anhaltenden Hitzeperiode 2018 und der damit verbundenen extremen Trockenheit warfen die Lindenbäume in Berlin ihre Blütenknospen ab, bevor diese aufblühen konnten. Ähnliches machten einige Wochen später die Eichen mit ihren unreifen Eicheln. Es ist anzunehmen, dass sie dadurch ihren Wasserverbrauch zu minimieren versuchten. Sie entledigten

---

[83] Ratcliff, William C.; R. Ford Denison, Mark Borrello, Michael Travisano (2012): *Experimental evolution of multicellularity*. Proceedings of the National Academy of Sciences USA Vol. 109 No.5: 1595–1600.
[84] Vgl.: Wohlleben, Peter: *Das geheime Leben der Bäume,* München 2015, S. 14f.

sich zunächst nicht der Blätter, die für die Fotosynthese und damit für ihre Lebensfähigkeit gebraucht werden, sondern warfen Teile ab, die zunächst entbehrlich waren für ihre weitere individuelle Existenz. Was veranlasste die Linden und Eichen zu solch einer „zielgerichteten" Aktion? Woher „wissen" die Bäume, was für sie am besten ist?

Einige Verben im obigen Text wurden absichtlich in Anführungszeichen gesetzt, weil man die von ihnen beschriebenen Verhaltensweisen einer bewussten Entscheidung zuschreibt, die man Bäumen nach heutigen Maßstäben doch nicht zugesteht.

Die Erklärung, das habe die Evolution so in Jahrmillionen hervorgebracht, scheint mir jedoch keine hinreichende Antwort zu sein, denn sie verschiebt das Problem nur. Müsste man nicht wie ein Kind nun die Frage stellen: Warum? Warum ist das so? Warum tun es die Bäume so „gezielt"? Sind es rein mechanische Reaktionen, oder steckt dahinter mehr als nur ein Zufall der Evolution?

Noch in viel intensiveren und höherem Maße treffen solche Beobachtungen auf quasi „bewusste" Handlungen für die tierische Welt zu. Anschauliche Beispiele liefern hier alle Gruppen-, Herden-, Schwärme-, Staaten- und andere organisierte Formen bildende Tiere. Sie Kommunizieren miteinander, „stimmen" ihre Verhaltensweisen „ab", „organisieren" ihre sozialen Gebilde u.v.a.m.. Stellvertretend für viele kann man hier nennen: Bienen, Ameisen, Termiten, aber auch Zugvögel, denen die „innere Uhr" sagt, wann sie die Sommer- bzw. Winterquartiere aufsuchen sollen; ähnliches treibt afrikanische Herdentiere, die zu ihrer jährlichen Wanderschaft durch die Savanne aufbrechen. Als konkrete Beispiele können hier auch die organisierte Jagd der Delphine angeführt werden oder die Herstellung von Werkzeugen durch die neukaledonischen Krähen, die nicht stereotyp, sondern der Situation entsprechend diese anpassen. Besondere Beachtung verdienen in diesem Zusammenhang die fasst menschenähnlichen Verhaltensweisen einiger Primaten, die man deshalb auch als *Menschen*affen oder Hominiden bezeichnet. Ihre Intelligenz wird manchmal auch mit der von menschlichen Kleinkindern verglichen. Man kann deshalb nicht ausschließen, - das sagen die neusten Erkenntnisse der Neurologie und Psychologie - dass man bereits bei Tieren von einem hier und da „durchschimmernden" Bewusstsein im Sinne eingeschränkt „bewusstem" Verhalten sprechen kann, wie oben bereits beschrieben, oder dann wenn Tiere ganz gezielt handeln und dabei auch bestimmte Strategien anwenden.

Alles Instinkt, sagen die Zoologen. Aber: Was ist der Instinkt? Im Wörterbuch lesen wir: *„Instinkt ist ein Trieb zu bestimmten Verhaltensweisen bei Mensch und Tier."* Aber: Was ist dieser Trieb, dieser „Motor" all dieser instinktiven Verhaltensweisen? Wo kommt er her? Was bewirkt ihn? Kann man ihn durch rein physikalisch-chemische Prozesse erklären? Im eigentlichen Sinn spricht man vom Bewusstsein aber erst beim Menschen.[85]

**Das Bewusstsein**

Alles was wir bereits über das Leben gesagt haben trifft im noch viel höheren Maße auf das Bewusstsein zu.

Der Begriff *Bewusstsein*, oder in seiner adjektivischen Form *bewusst* kommt in vielen alltäglichen Situationen zum Gebrauch. Über einen Verunglückten sagen wir: Er sei *bei Bewusstsein o-der bewusstlos*. Wir tun etwas *bewusst oder unbewusst*. Wir empfinden etwas *bewusst*. Wir kalkulieren eine Aussage oder eine Tat ganz *bewusst*, oder es war uns etwas nicht ganz *bewusst*. Wir sind uns einer Sache völlig *bewusst*. Bereits diese wenigen Beispiele machen es deutlich, dass die Begriffe *Bewusstsein* und *bewusst* die grundsätzlichen Formen des menschlichen

---

[85] De Chardin, Pierre Teilhard; *Der Mensch im Kosmos,* München 1981, S. 45.

Handelns beschreiben. Mit anderen Worten wir bezeichnen mit ihnen das zutiefst menschliche, zielorientierte Tun.

**Was ist Bewusstsein?**

So leicht es uns im Alltag von den Lippen geht, den Begriff „Bewusstsein" oder „bewusstes" zu benutzen, so schwer ist es zu sagen, was wir damit eigentlich meinen. Das Brockhaus Universal Lexikon definiert Bewusstsein als *„die Summe der Icherfahrungen und Vorstellungen sowie die Tätigkeit des wachen, geistigen Gewahrwerdens von Eindrücken."*[86] Das Bewusstsein ist damit die Fähigkeit eines Subjektes, eines Ichs - nach innen gesehen - sich selbst wahr zu nehmen mit allem was es ausmacht, seine Entscheidungen und Handlungen zu planen, zu steuern und zu verwirklichen, und nach außen das Gewahrwerden der umgebenden Welt mit all ihren Beziehungsgeflechten, Situationen und Zuständen.

**Wie funktioniert das Bewusstsein?**

Das so verstandene Bewusstsein kann unter verschiedenen Aspekte betrachtet werden: als die Erfahrung des eigenen Ichs in seiner Einmaligkeit und zum selbständigen Handeln befähigten Individuums; als die Fähigkeit zu denken und damit das eigene Tun zu planen, zu koordinieren, zielorientiert auszuführen und zu reflektieren; als das Erleben von Reizen, die das Individuum von Innen und von Außen empfängt z.B.: Schmerz, Kälte, Licht, Farben, Empfindungen, Erfahrungen, Wahrnehmungen; als das Gewahrwerden der eigenen Wachheit (geistige Präsenz) und im weiteren Sinn auch einfach das Belebt- bzw. Beseeltsein. In diesem Sinn ist das Bewusstsein etwas Immaterielles, weil Gedanken, Erlebnisse und Empfindungen keine Gegenstände im physikalischen Sinn sind. Sie sind dennoch keine Illusion, sondern eine Realität. Sie existieren wirklich, aber nicht im physikalischen Sinn. Ihre Existenz kann zwar beschrieben werden, sie

---

[86] Vgl.: *Brockhaus Universal Lexikon*, Leipzig 2003, Band 3, S. 698.

entziehen sich jedoch der Überprüfbarkeit durch naturwissenschaftliche Methoden. Auch die empfindlichsten elektronischen Geräte (z.B.: Elektroenzephalograf) können zwar feststellen, dass das Individuum aktiv ist, die Inhalte dieser Aktivitäten sind jedoch weitgehend nicht erfassbar.

www.shutterstock.com · 149703902

*Versuch einer künstlerischen Darstellung des Bewusstseins.*

Auf der anderen Seite ist es erwiesen, dass Bewusstsein an die physikalisch-chemisch-biologischen Funktion des Gehirns gebunden ist. Diese Komplementarität des Bewusstseins ist auch der Anlass und Grund zum großen Streit unter den Naturwissenschaftlern und Philosophen darüber, was denn nun das Bewusstsein eigentlich ist? Ein rein physikalisches Phänomen, eine Summe von elektrischen Impulsen, die unser Gehirn wie Blitze durchkreuzen? Oder eine vom Körper unabhängige Instanz, etwas Geistiges? Vielleicht etwas was beides zugleich ist? Etwas Komplementäres? Eine andere Seite des Universums-Stoffes?

Der Philosoph Thomas Metzinger bezeichnet die Problematik des Bewusstseins als das „letzte große Rätsel überhaupt"[87]

## Fazit

All die beschriebenen Phänomene angefangen von der Dunklen Materie und Energie, über Quantenverschränkung, Feldtheorien und Fernwirkung bis hin zum Erscheinen des Lebens und des Bewusstseins sind nur einige Beispiele für viele andere ungelöste Probleme in der Kosmogonie und -logie. Sie finden in der bestehenden physikalisch-chemischen Sichtweise keine befriedigende Erklärung. Anscheinend ist die physikalisch-chemische Betrachtungsweise nicht in der Lage auf all diese Fragen eine erschöpfende Antwort zu geben.

Anderseits ist es unbestreitbar, dass auch immaterielle, psychische Elemente ein Bestandteil des Universums sind. Der Inhalt der Zeilen, die Sie gerade lesen und die Reflexionen über sie, über das eigene Leben und die uns umgebende kleine und große Welt beweisen eindeutig, dass die Wirklichkeit mehr ist als nur eine Anhäufung von materiellen Partikeln. So ist es nicht nur erlaubt, sondern zwingend notwendig nach Sichtweisen zu suchen, die die ganze Wirklichkeit in ihrer Komplexität und Komplementarität mit einbeziehen.

## Der Universumsstoff und seine Eigenschaften.

Nun wollen wir uns dem Grundstoff des Universums als solchem, seinen Eigenschaften und Charakteristiken zuwenden. Wie muss er beschaffen sein, damit er für alle Formen der Wirklichkeit eine plausible Erklärung liefern kann und zwar sowohl

---

[87] Metzinger, Thomas.; *Einleitung: Das Problem des Bewusstseins.* In: Metzinger, Thomas (Hg.): *Bewusstsein. Beiträge aus der Gegenwartsphilosophie,* Paderborn 2005, S. 15.

für seine materiellen als auch für die immateriellen Aspekte des Seins?

Im Teil II haben wir die Entstehung und Entwicklung des Universums in gewisser Weise chronologisch dargestellt; ausgehend von dem so genannten Urknall bis zu seinem heutigen Stand. Unsere alltäglichen Erfahrungen und Erlebnisse wie auch die Vorgehensweise der Naturwissenschaft ist eine umgekehrte. Wir gehen von dem aus, was uns unsere Sinne heute „liefern", was wir vorfinden, sehen, hören, anfassen und erleben. Wir erfassen die Wirklichkeit, wie sie sich uns in ihrer äußerlichen Form und in ihrer atemberaubenden Diversität hier und heute darstellt. Sie ist flüssig, gasförmig oder Fest. Sie hat runde, längliche oder eckige Formen. Sie ist unifarben, bunt oder farblos. Nicht vergessen dürfen wir dabei auch die Wirklichkeit, die sich nicht in materiellen Kategorien äußert, all das also, was wir als die geistige Welt bezeichnen: Denken und Reflektieren, Meditieren und Überlegen, Fühlen und Empfinden. Auch sie sind nämlich eine Realität, die zum Sein des Universums gehört.

Erst durch viele kleine Schritte und Schlussfolgerungen in einer rückwertigen Bewegung versuchen wir uns dann durch die äußere Hülle der Dinge in ihr Inneres zu bewegen um schließlich zu ihrem Fundament zu gelangen. Das geschieht sowohl in Bezug auf den Makro- wie auch auf den Mikrokosmos. In beiden Fällen stellen wir eine ungeheure, oft unsere menschliche Vorstellungskraft überschreitende, Vielfalt an Gegenständen, Formen und Strukturen; zeitlichen und räumlichen Dimensionen. Beobachten dann aber in der „Rückwertsbewegung", dass je mehr wir in das Fundamentale vordringen, um so uniformer wird die Wirklichkeit. Ihre Vielfalt verjüngt sich und wird immer einheitlicher, bis sie zum Schluss in der Singularität des Anfangs völlig verschwindet. In der näheren Betrachtung stellen wir dabei fest, dass die Wirklichkeit sehr ambivalent ist. Sie ist zum einen sehr vielfältig, sie ist zum anderen sehr einheitlich.

## Vielfalt

Die Vielfalt der Gegenstände, Formen, Strukturen, Erscheinungen und Prozessen im Universum wird uns noch bewusster, wenn wir die Beobachtungen systematisieren, wie es die Wissenschaft tut. Es ist deshalb nur konsequent, dass sich im Laufe der Geschichte angesichts dieser Diversität der Wirklichkeit aus den Grundarten der Naturwissenschaften immer neue, spezialisiertere wissenschaftliche Disziplinen herausbilden. Aus Physik z. B.: Astronomie, Kosmologie, Kernphysik, u.a., aus Chemie: organische und anorganische Chemie u.a., aus Biologie, die Zoologie und Botanik u.a. Ähnliches beobachten wir bei den Geisteswissenschaften, die sich mit der psychischen, sozialen und geschichtlichen Wirklichkeit befassen. Auch Geschichte, Psychologie und Soziologie teilten sich in immer spezialisiertere Gebiete auf. Nur so kann man noch Herr werden über die Vielheit an wissenschaftlichen Gegenständen und zu beobachtbaren Prozessen und Erscheinungen.

Werfen wir nun einen Blick in die Weiten des Makrokosmos. Die Zahl der bereits heute bekannten Galaxien und Sternhaufen geht in die Milliarden und immer wieder kommen neue dazu. Neue bis dahin nicht gekannte interstellare Gebilde und Sternarten werden entdeckt. In der jüngsten Zeit interessieren sich die Astronomen besonders für die so genannten erdähnlichen Planeten. Eine Vielzahl von ihnen spürte man bereits in der nächsten Umgebung innerhalb unseres Sonnensystems auf. Anscheinend ist unsere Erde keine Besonderheit im Universum, wie es Jahrtausendete lang angenommen wurde.

Ein ähnliches Bild bietet uns der Mikrokosmos. Auch die Vielzahl von chemischen Verbindungen scheint unbegrenzt zu sein. In unserer industriellen Welt spielen die langkettigen Verbindungen, die Polymere, eine besonders wichtige Rolle. Und fast täglich kommen neue dazu. Die Möglichkeiten, die uns die

Natur und die Technologie im Bereich der industriellen Entwicklung bieten, scheinen grenzenlos zu sein. Man kann ohne Übertreibung sagen, sie haben unsere Lebensweise revolutioniert. Besonders junge Menschen können sich ein Leben ohne die Errungenschaften des Industrie- und Kommunikationsalters nicht vorstellen.

Auch die Zahl biologischer Organismen und ihre Vielfalt bringt uns ins Staunen. Und dabei sind uns bei weitem noch nicht alle bekannt, wie immer wieder die Entdeckung neuer Arten beweist. Wie bereits erwähnt kennt die Biochemie heute ca. 40 Millionen organische Verbindungen.

Nicht anders verhält es sich mit der geistigen Welt. Auch hier ist die Diversität der zum Vorschein kommenden Prozesse bei den Individuen selbst, in den zwischenmenschlichen Beziehungen und des Menschen zu der übrigen Welt von einer großen Mannigfaltigkeit gekennzeichnet.

Das Wissen über diese Vielfalt des Seins nimmt mit der Zeit Ausmaße an, die kein einziger Mensch noch in der Lage ist zu überblicken, geschweige denn zu beherrschen. Die Zeit der Universalgehrten ist endgültig vorbei. Diese werden nun durch die medialen Möglichkeiten der Vernetzung innerhalb der einzelnen Wissenschaften aber auch interdisziplinär ersetzt. In der neuesten Zeit wird auch unsere private Sphäre durch diese Möglichkeiten erfasst, ja revolutioniert. Die Stichworte hierzu lauten: googeln, surfen, twittern, Wikipedia, Facebook u.a.

Das Wissen wird immer spezieller und differenzierter. Wir schauen uns die Dinge nicht nur an. Wir dringen in sie förmlich hinein. Wir begreifen sie quasi von innen heraus. Das entsprechende wissenschaftliche Equipment bietet uns schwindelerregende Möglichkeiten und Perspektiven. Was heute z.B. in der Medizin machbar ist, wurde vor einigen Jahrzehnten nicht einmal denkbar. Das birgt große Vorteile aber auch große Gefahren in sich. Vorteile, die dem Menschen dienen können. Nachteile, weil sie auch gegen den Menschen und die Umwelt verwendet werden können, wie unsere alltägliche Erfahrung uns lehrt. Und darüber hinaus kann uns durch den verstärkten Blick auf die immer kleineren Details die Sicht auf das Ganze verloren gehen.

**Einheitlichkeit**

Dieser ungeheuerlichen Vielfalt des Seins steht fast diametral ihre Einheitlichkeit entgegen. Je tiefer wir nämlich in den materiell erfassbaren Stoff des Universums vordringen, umso sichtbarer wird es, dass er aus den gleichen Urelementen zusammengesetzt ist. Bereits auf der atomaren Ebene reduziert sich die oben beschriebene Vielfalt auf die uns bisher bekannten 118 chemischen Elemente. Davon kommen nur 94 natürlich vor. Die anderen sind künstlich erzeugt und sehr instabil. Noch einheitlicher wird es, wenn wir noch einen weiteren Schritt bis in die subatomare Sphäre zurückgehen. Dort gibt es im Wesentlichen nur noch die Protonen, Neutronen, Elektronen, Photonen und Neutrinos. Aber auch das ist noch nicht das Ende der „Zerstäubung" der sichtbaren Materie in immer kleinere Bestandteile. Nach der neuesten Erkenntnis gehören zum Standardmodell der Elementarteilchenphysik das Down-Quark, das Up-Quark, das Elektron und das Elektron-Neutrino zur ersten Generation von Teilchen. Sie sind zusammen mit den Leptonen und den Eichbosonen die Grundbausteine der Materie. Wir nähern uns in dieser Zergliederung des materiellen Grundstoffes des Universums dem Moment an, in dem die Bestandteile keine messbare Masse mehr aufweisen, wie z. B.: das Elektron oder das Neutrino. Ist das vielleicht die Grenze, hinter der es nur noch Energie aber keine physikalische Materie mehr gibt? Die Einheitlichkeit wäre dann vollkommen.

Ist damit die Vielfalt der Formen, Strukturen, Farben und Erscheinungen bis hin zum Leben und Bewusstsein, die uns unsere Sinne und unser Verstand alltäglich vor Augen führen, eine Illusion? Wie kommt es, dass solch eine grundsätzliche Einheitlichkeit solch eine Vielfalt „erzeugen" kann? Was ist der Motor dieses Prozesses, den man Komplexifikation nennt? Ist die Wirklichkeit, wie wir sie wahrnehmen ein Zufallsprodukt eines seinerseits zufälligen Entwicklungsprozesses? Oder weist die Entwicklung des Universums eine gewisse Tendenz auf?

## Die „andere Seite" des Universumsstoffes

Einem aufmerksamen Leser ist es wahrscheinlich bereits aufgefallen, dass bei der Darstellung der Entwicklung des Universums immer wieder die Begriffe *Komplexität, komplexer* und *Kompexifikation* vorkamen. Und in der Tat, sie spielen eine bedeutende Rolle in der Geschichte des Universums. Betrachtet man die gesamte Entwicklung des Universums seit dem Urknall bis zu seinem heutigen Zustand - wir haben es in Teil 2 detailliert beschrieben - stellt man fest, dass seine Strukturen und Formen sich in einem ständigen Prozess der Komplexifikation befinden. Das heißt, ihre Komplexität nimmt in der Grundtendenz stetig zu. Sowohl der Makro- wie auch der Mikrokosmos werden immer komplexer. Mehr noch, diese Zunahme an Komplexität geht einher mit der Entstehung immer neuerer komplexerer Formen und Strukturen einher, die in der vorausgegangenen Phase der Entwicklung noch nicht absehbar sind. Es stellt sich nun die Frage: Sind diese Veränderungen nur quantitativer Natur, oder handelt es sich auch um Entwicklungen, deren Folgen qualitativ anders sind? Hinzu kommt, dass hier und da noch heute schlüssige Erklärungen fehlen, die diese Entwicklungen hinreichend begründen könnten. Sie erfordern deshalb Annahmen, die rein hypothetisch sind, man könnte auch sagen, einen metaphysischen Charakter haben.

Dies betrifft z.B.: die Annahme der Dunklen Materie und Dunklen Energie. In ähnliche Kategorie gehört die sogenannte Quantenverschränkung und die damit verbundene „spukhafte Fernwirkung"[88] aber auch die Feldtheorien. Ebenso erklärungsbedürftig ist der Übergang von unbelebter Materie zu lebenden Organismen. Noch größer scheint der Schritt zu sein, der die Erscheinung des Bewusstseins einleitet. All das haben wir bereits oben detaillierter beschrieben.

Wenn aber die Naturwissenschaften: Physik, Chemie und Biologie keine schlüssigen Erklärungen für all diese Phänomene haben, muss man die Frage stellen dürfen: Haben diese Wissenschaften vielleicht nicht alle Aspekte der Wirklichkeit in Erwägung gezogen? Gibt es vielleicht noch einen anderen Ansatz, der eine Antwort darauf geben könnte?

**Das Prinzip der Kausalität**

Bevor wir uns dem oben genannten Problem stellen, müssen wir uns mit der Frage der Kausalität befassen. Kausalität beschreibt die Beziehung zwischen Ursache und Wirkung. Der Begriff wird von dem lateinischen Wort *causa* = *Ursache* abgeleitet. In der Physik versteht man unter Kausalitätsprinzip, dass jede Wirkung eine Ursache haben muss. Allerdings wird in der Quantenmechanik die Frage, ob jedes physikalische Ereignis durch eine bestimmte Menge von Ursachen vorherbestimmt werden kann, ob also das ganze Universum deterministisch ist, nicht mit einem klaren Ja beantwortet. Von Albrecht Einstein kennt man seine berühmte Aussage: „*Gott würfelt nicht!*" Er meint damit, dass es keine Zufälle gibt. Alles hat eine Ursache. Wenn man etwas heute noch nicht deuten kann, dann liegt es daran, dass wir noch nicht die Ursache kennen. Aber bereits in den Gesprächen mit seinem dänischen Kollegen Niels Bohr in den 1920er Jahren,

---

[88] Vgl.: Max Born, Albert Einstein: *Albert Einstein, Max Born. Briefwechsel 1916–1955.* München (Nymphenburger) 1955, S. 210.

entgegnete ihm dieser: „*Aber es kann doch nicht unsere Aufgabe sein, Gott vorzuschreiben, wie Er die Welt regieren soll.*"[89]

Auch die Philosophie befasste sich sehr früh mit der Frage nach der Kausalität. Bereits die Vorsokratiker suchten nach dem Urgrund allen Seins, nach der *Arche*. Einer der ersten Philosophen, der die Vorstellung einer umfassenden Kausalität im Sinne von Ursachen und Wirkungen vertrat, war Demokrit. Auch die beiden Klassiker der griechischen Philosophie Platon und Aristoteles beschäftigten sich mit der Kausalität. Für Platon war die Welt der Ideen der Urgrund allen Seins. Aristoteles differenzierte und unterschied unter vier Kategorien von Ursachen: die Formursache (Ein Messer schneidet, weil es scharf ist.); die Zweckursache (Bestimmt, welcher ist der Zweck des Schneidens.); die Materialursache (Das Messer besteht aus Stahl, weil es hart sein muss, um zu schneiden.); die Wirkursache (Das Messer schneidet nur dann, wenn es jemand bewegt.). Die letztere steht dem modernen Kausalitätsbegriff am nähersten.

Das Kausalitätsprinzip bestimmt in besonderer Weise die philosophische Denkrichtung des Determinismus. Dieser geht davon aus, dass jedes Ereignis durch vorhergegangene Ereignisse verursacht wird. In diesem Sinn ist die Entwicklung des Universums eine Kausalkette. Einer der modernen Ansätze des Kausalitätsprinzips sieht vor, dass zwei gegeneinander gerichtete Kräfte, eine Handelnde (Agonist) und eine Entgegengerichtete (Antagonist) existieren müssen. Der Agonist hat eine innere Neigung zur Aktivität, der Antagonist eine entgegengesetzte Tendenz zur Trägheit. Die Kraft des Agonisten ist größer als die des Antagonisten.

---

[89] Heisenberg, Werner; *Der Teil und das Ganze. Gespräche im Umkreis der Atomphysik.* 9. Auflage, Piper, München 2012, Seite 115.

## Der andere Ansatz

In den bisherigen Überlegungen haben wir den Stoff des Universums vorwiegend von einer, von seiner materiellen Seite betrachtet. Dabei sind wir an mehreren Stellen an Grenzen gestoßen, die darauf hindeuten, dass diese einseitige Betrachtungsweise nicht ausreichend ist, um die Wirklichkeit des Seins in ihrer Gänze zu erfassen?! Möglicherweise gibt es auch die andere Seite der Medaille?! Vielleicht ist der Grundstoff des Universums nur in seiner Komplementarität, sowohl von seiner materiellen wie auch von seiner immateriellen Seite zu begreifen, - so wie das Licht nur in seiner Komplementarität mal als Welle mal Teilchen zu verstehen ist.

## Verschiedene Weltanschauungen

Die Auffassungen darüber unter den Naturwissenschaftlern und Philosophen gehen weit auseinander. Sie hängen nicht zuletzt von ihren grundsätzlichen Einstellungen ab. Diese Kontroverse sah bereits Pierre Teilhard de Chardin. Er schreibt: *„Nirgends empfinden wir stärker, in welche Schwierigkeiten wir noch immer geraten, wenn wir Geist und Materie mit einem einheitlichen verstandesmäßigen Blick zusammenfassen wollen. Und nirgends zeigt sich die dringende Notwendigkeit, eine Brücke zwischen dem Physischen und dem Psychischen unserer Existenz zu bilden, fühlbarer, als wenn wir wünschen, dass die geistige und die körperliche Seite des Handelns sich gegenseitig anregen."*[90] Und eine Seite weiter fügt er hinzu: *„Irgend etwas lässt ohne Zweifel stoffliche und geistige Energie aneinander haften und einander fortsetzen. Irgendwie kann es letzten Endes in der Welt nur eine einzige wirksame Energie geben. Und der erste Gedanke, der uns in den Sinn kommt, zeigt uns die ‚Seele' als eine Art Umwandlungsherd, zu dem auf allen Wegen der*

---

[90] Teilhard de Chardin, Pierre; *Der Mensch im Kosmos,* S. 51f.

*Natur die Kraft der Stoffe strebt, um sich zu verinnerlichen und zu Schönheit und Wahrheit zu sublimieren.*"[91]

Nicht geleugnet werden kann, dass es - seitdem das Bewusstsein das „Licht der Welt erblicke" - zwei Welten gibt die Materielle und die Immaterielle. Die zweite wird traditionell mit dem Begriff Geistige bezeichnet. Wir versuchten in dieser Abhandlung darauf hinzuweisen, dass die beiden Aspekte nicht erst mit dem Bewusstsein zu Tage getreten sind, sondern bereits in verschiedenen Formen auch in den vorausgehenden Stufen der Entwicklung des Universums bemerkbar sind.

Nun kommt es darauf an, zu erforschen, wie diese beiden Welten miteinander verwoben sind. Lange Zeit wurden sie als zwei getrennt voneinander bestehende Welten betrachtet.

Der Dualismus
In der Philosophie wurde diese Art der Sicht auf die Wirklichkeit als Dualismus bezeichnet. Sein berühmtester Vertreter war Platon mit seinen zwei Welten, wobei die Welt der Ideen die eigentliche Welt ist. Nur die Welt der Ideen ist die wahre Welt, das wahre Seiende, ihr Sein ist das Sein im eigentlichen Sinne. Der von uns sinnlich wahrnehmbaren Welt der Gegenstände hingegen kommt nur ein bedingtes und damit unvollkommenes, ein mangelhaftes Sein zu.

Römische Kopie eines griechischen Platonporträts. Die Skulptur befindet sich in der Glyptothek in München

Der niederländische Philosoph und Schriftsteller der Aufklärung Frans Hemsterhuis sprach später von dem *„Körper (Materie) als dem*

---

[91] Ebenda: S. 53.

*geronnen Geist*“.[92] Diese poetische Bezeichnung griff Friedrich Wilhelm Joseph Schelling auf, einer der Hauptvertreter des Deutschen Idealismus und der Hauptbegründer der spekulativen Naturphilosophie, die Anfang des 19. Jahrhunderts in Deutschland fast alle Gebiete der damaligen Naturwissenschaften prägte.

## Der Physikalismus

Dem dualistischen Weltbild steht Gegenüber der Physikalismus (Materialismus), der die Eigenständigkeit der Welt des Geistes mehr oder weniger leugnet, bzw. sie auf die Materie reduziert.

Auch seine Wurzeln reichen bis in die griechische Antike zurück.

Demokrit - Kupferstich aus dem 18 Jahrhundert. (Quelle: Wikipedia)

Bereits der Vorsokratiker Demokrit meinte, dass die gesamte Natur aus kleinsten, unteilbaren Einheiten, den Atomen, zusammengesetzt sei. Seiner Meinung nach gibt es nur aus diesen Atomen bestehende Materie. Auch Sinneswahrnehmungen und die Existenz der Seelen lassen sich auf dieses atomistische Prinzip zurückführen. Auch die Seele bestehe aus Seelenatomen. Die wesentlichen Grundzüge dieser Weltanschauung finden sich bei den materialistisch gesinnten Naturforschern späterer Perioden beinahe unverändert wieder. Erst durch die Forschung der Neuzeit wurde evident, dass beide Welten in enger Verbindung miteinander stehen. Der Streit aber, welche Beziehung zwischen ihnen besteht, geht weiter.

---

[92] Bonchino, Alberto; *Materie als geronnener Geist - Studien zu Franz von Baader in den philosophischen Konstellationen seiner Zeit*, Paderborn 2014, ISBN 978-3-506-77452-1, S. 15.

Der Hylemorphismus

Auch der dritte Ansatz, der die beiden Welten zusammenzuführen versucht, ohne dass die eine die andere leugnet bzw. dominiert, reicht in die griechische Antike zurück. Es ist der später so genannte Hylemorphismus des Aristoteles.

Aristoteles - die Skulptur befindet sich im Palazzo Altemps in Rom.

Der Schüler Platons versucht damit den krassen Dualismus seines Lehrers zu überwinden. Er befasst sich damit in seinen Büchern zur *„Metaphysik"* und *„Über die Seele" (De Anima)*. Seine Gedanken dazu sind aber grundlegender Art und beziehen sich nicht nur auf das Seele-Körper-Verhältnis. Er unterscheidet zwischen Materie und Form als den wesentlichen Aspekten alles Werdenden und Seienden. Mit Materie meint er das Zugrundeliegende. Daraus kann alles werden. Es ist die Möglichkeit, die Potenz. Die Form hingegen ist das organisierende, strukturierende und gestaltende Prinzip. Die beiden Grundelemente des Seins stehen in einer komplementären Beziehung zueinander. Materie und Form im aristotelischen Sinn gibt es nicht losgelöst voneinander. Marcus Knaup konstatiert in seiner Dissertation mit dem Titel *„Leib und Seele oder mind and brain"*: *„Der Hylemorphismus stellt eine wirkliche Alternative zu physikalischen wie dualistischen Entwürfen dar."*[93] Er beruft sich dabei auf den österreichischen Philosophen Edmund Runggaldier[94].

---

[93] Knaup, Marcus; *„Leib und Seele oder mind and brain"*, Frankfurt/München 2012, S. 244.
[94] Ebenda.

## Materie und Geist – zwei Seiten der einen Wirklichkeit

Der englische Biologe und Genetiker John Burdon Sanderson Haldane schreibt in einem seiner Bücher: „*Wir finden keine augenscheinliche Spur von Bewusstsein oder Leben in dem, was wir Materie nennen. Wir studieren daher diese Eigenschaften dort, wo sie sich mit größter Deutlichkeit zeigen. Doch wenn das Bild der modernen Wissenschaft richtig ist, müssen wir darauf gefasst sein, sie schließlich, zumindest in einfachster Form, überall im Universum wiederzufinden.*"[95]

Und Teilhard de Chardin meint: „*Nimmt man die Urmaterie auf ihrer untersten Stufe, [...] so ist sie mehr als das Gewimmel von Partikeln, das die moderne Physik so wunderbar analysiert hat. Wir müssen unter dieser ersten mechanischen Schicht eine „biologische*"[96] *Schicht annehmen, die zwar äußerst dünn, aber absolut unentbehrlich ist, um den Zustand des Kosmos in den folgenden Zeiten zu erklären.*" Und er fügt hinzu: „*In einer zusammenhängenden Weltschau setzt das Leben unausweichlich, und zwar unabsehbar weit zurückreichend, das Vor-Leben voraus*"[97]

Der aus Indien stammende amerikanische Internist und Endokrinologe Deepak Chopra argumentiert: „*Das Universum brachte komplexe Lebensformen hervor, weil das Leben darin schon immer existiert hat, schon vor der Entstehung unseres Universums.*"[98]

---

[95] Haldane, John Burdon Sanderson; *The Inequality of Man*, Pelican Editio, 1932, S. 114.

[96] Unter „biologische" Schicht versteht Teilhard de Chardin mehr als es der Begriff suggeriert. Er meint damit vielmehr das Lebensprinzip und sogar das „Bewusstsein".

[97] de Chardin, Piere Teilhard, *Der Mensch im Kosmos*, S. 46.

[98] Chopra, Deepak; Mlodinow, Leonhard: *Schöpfung oder Zufall?*, Arkana, 2012, S. 114.

Sir Roger Penrose, ein bedeutender britischer Mathematiker und Physiker, der im regen Gedankenaustausch mit Stephen Hawking stand, meint, *„die Samen des Bewusstseins seien auf der subtilsten Ebene der Natur angelegt, dort, wo Materie und Energie eins sind."*[99]

Auch für Werner Heisenberg war die gesamte Wirklichkeit nicht nur in physikalischen Kategorien erfassbar. Physik und Philosophie sind für ihn untrennbar miteinander verbunden. In seinem Werk *Physik und Philosophie* kritisiert er deshalb die Trennung zwischen Materie und Geist bei René Descartes. Die Suche nach der tiefsten Quelle allen Verstehens war für ihn der gemeinsame Ursprung von Religion und Wissenschaft.[100]

Ähnliche Gedanken äußert der deutsche Physiker Hans-Peter Dürr in einem Gespräch mit Dr. Peter Michel, das in einem Buch mit dem markanten Titel *„ Es gibt keine Materie!"* veröffentlicht wurde. Auf die Frage des Interviewers *„ Können wir an diesem Punkt für Energie nicht Geist sagen?"* Antwortet der Physiker: *„Ja. In diesem Fall würde ich zustimmen. Diese Energie, die geordnete Energie, verfügt über LEBEN und LIEBE. Die andere, ungeordnete verharrt einfach in einem stillen, warmen zustand."*[101]

Alle diese Wissenschaftler postulieren, - als Folge des Kausalitätsprinzips -, dass es so etwas wie eine andere Seite der Materie geben müsse, denn nur das würde erklären, warum die Materie im Prozess der oben beschriebenen Komplexifikation sowohl das Phänomen des Lebens als auch des Bewusstseins hervorbringen konnte. Daraus folgt, dass das, was die

---

[99] Ebenda, S. 67.
[100] Heisenberg, Werner: *Physik und Philosophie*. 6. Auflage, Stuttgart 2000, S. 39.
[101] Dürr, Hans-Peter: *Es gibt keine Materie!*, Amerang 2012, S. 56.

Naturwissenschaften mit Materie meinen, nur ein Aspekt, eine Seite des Universums Stoffes sein kann.

Gibt es noch andere Hinweise außer dem Leben und dem Bewusstsein, die auf die komplementäre Struktur des Universums Stoffes hindeuten? Wir beschrieben oben auch einige physikalische Prozesse wie die Verschränkungs- und die Feldtheorien, die das streng ausgelegte Kausalitätsprinzip in Frage stellen. Sie beschreiben Zustände und Verhaltensweisen, die die Schwelle des materiellen überschreiten. Auch der bereits von Einstein eingeführte Begriff der Raumzeit hat etwas Immaterielles in sich. Wie soll man sonst die Krümmung des Raumes verstehen, die durch in ihr vorhandene Massen entsteht? Was wird da eigentlich gekrümmt, wenn der Raum keine materielle Größe ist?

Sind das nicht alles Hinweise darauf, dass die Wirklichkeit mehr als nur eine rein physikalische Größe ist und sie sich deshalb in ihrer gesamten Dimension nicht nur mit physikalischen Gesetzen beschreiben lässt? Der bereits mehrmals erwähnte französische Jesuit Pierre Teilhard de Chardin versucht darauf eine eigene Antwort zu geben.

### Pierre Teilhard de Chardin

Er befasst sich mit diesem Thema in seinem Hauptwerk „*Le Phenomene humain*", das auf Deutsch mit dem Titel „*Der Mensch im Kosmos*" erschienen ist. Er schreibt dort: „*Die physische und die psychische Energie, deren eine über die äußere, die andere über die innere Schicht der Welt sich verbreitet, zeigen, im ganzen gesehen, dasselbe Bild. Sie treten immer zusammen und gehen irgendwie ineinander über.*"[102] Eine Seite weiter wird er konkreter. Er schreibt: „*Nehmen wir an, dass im Wesentlichen jede Energie psychischer Natur ist. Jedoch in jedem Elementarteilchen, so wollen wir hinzufügen, teilt sich diese Grund-*

---

[102] Teilhard de Chardin, *Pierre: Der Mensch im Kosmos*, S. 53.

*Energie in zwei verschiedene Komponenten: eine tangentiale Energie, die das Element solidarisch macht, die im Universum derselben Ordnung angehören (das heißt dasselbe Maß der Zusammengestztheit und ‚Zentriertheit' besitzen) und eine radiale Energie, die es in der Richtung nach einem immer komplexerem und zentrierteren Zustand vorwärts zieht."*[103]

Noch konkreter wird er bei der Beschreibung der Erdentwicklung: *„Seit der Verselbstständigung unseres Planeten* – schreibt er - *findet sich eine bestimmte Masse elementaren Bewusstseins vom Ursprung her in der Erdmasse gebunden. [...] Sie trug, möchte ich sagen, von der Geburt an das Prävitale in sich, und zwar in bestimmter Menge. "*[104] Dies ist aber nur möglich, weil das „Prävitale" bereits in jedem Elementarteilchen enthalten ist. *„Doch wenn wir verstanden haben, dass das Prävitale bereits im Atom auftaucht, mussten wir dann nicht mit den Myriaden schwerer Moleküle rechnen?..."*[105] *„Und aus diesem ersten Überfluss ist die erstaunliche Masse organisierter Materie hervorgegangen, deren dichte Verfilzung heute die zuletzt erschienene (oder vielmehr vorletzte) Hülle unseres Planeten bildet: die Biosphäre."*[106] Teilhard begründet diese neue Stufe in der Entwicklung des Universums, indem er sagt: *„Ist es aber nicht ebenso richtig, sie [Die Zellen] als die Vertreter eines anderen Zustands der Materie zu betrachten: als etwas in seiner Art ebenso Einzigartiges wie das Elektron, das Atom, der Kristall oder das Polymerisat?"*[107]

---

[103] Ebenda, S. 54.
[104] Ebenda, S. 62.
[105] Ebenda, S. 63. Er rekurriert hier auf die Polymere, die langkettigen chemischen Verbindungen, deren Bildung erst das Entstehen des Lebens ermöglichte.
[106] Ebenda, S. 70f.
[107] Ebenda, S. 80.

Die Kompexifikation geht aber weiter, sie ist nicht auf der Stufe des Lebens stehen geblieben. Teilhard schreibt dazu: *„Es ist alles in allem der Stoff des Universums, der in der Zelle, die zugleich so einheitlich, so einförmig, und kompliziert ist, mit all seinen Eigenschaften wiedererscheint, - doch diesmal auf einer höheren Stufe der Komplexität, und folglich zugleich (wenn die Hypothese richtig ist, die uns bei diesen Untersuchungen leitet) mit einem höheren Grad von Innerlichkeit, das heißt Bewusstsein.* "[108] *„Ist dem So, dann sieht man, dass das Bewusstsein, das wir empirisch als die spezifische Wirkung organischer Komplexität deuten, weit über den lächerlich kleinen Ausschnitt hinausreicht, in dem es unserem Blick gelingt, es direkt zu erfassen. Dort wo sehr geringe oder selbst mittlere Werte von Komplexität seine Wahrnehmung völlig unmöglich machen (das heißt von den großen Molekülen abwärts) haben wir logischerweise in jedem Korpuskel die Existenz irgendeiner rudimentären Psyche zu vermuten (wenn auch im Zustand des unendlich Kleinen, beziehungsweise des unendlich Diffusen) - […].*[109]

Für Teilhard de Chardin steht fest, dass die Entwicklung des Universums ein Kontinuum ist. Es konnte sich nur so entwickeln, weil alle Elemente einschließlich des Lebens und des Bewusstseins von Anfang an vorhanden waren. Die neue Dimension des Seins, die durch die Entstehung des Lebens und des Bewusstseins evident wurde, war nur möglich, weil die prävitalen Elemente bereits Keime von beiden in sich bargen. Die „tote" Materie ist damit nur eine Seite der Wirklichkeit. Er nennt sie die äußere Seite, die er auch die *tangentiale Energie* nennt. Um die Entwicklung zum Leben und zum Bewussten zu erklären bedarf es aber auch der anderen Seite. Er nennt sie die Innere, oder die *radiale Energie*. Erst beide zusammen bilden sie den wahren Stoff des Universums ab. Der Stoff, aus dem das Universum

---

[108] Ebenda, S. 80.
[109] Ebenda, S. 312f.

einschließlich uns selbst besteht, ist für Teilhard de Chardin komplementär.

## Die Psyche des Universums

Es ist mir durchaus bewusst, dass diese Überschrift leicht esoterische und damit provokative Züge in sich birgt, denn unter dem aus dem Griechischen stammenden Begriff Psyche (ψυχή psyché = Atem, Hauch auch Seele) versteht man im klassischen Sinn nur die Summe aller geistigen Eigenschaften und Persönlichkeitsmerkmale eines Menschen in Bezug auf sein Denken und Fühlen. Er wird deshalb auch in solchen Zusammensetzungen wie *Psycho*logie, *Psychi*atrie, *Psycho*analyse, *Psycho*therapie, *Psycho*somatik gebraucht. Alles im Wesentlichen wissenschaftliche Disziplinen, die sich mit dem geistigen Leben des Menschen befassen. Und so stellt sich die Frage: In wie weit man auch von der Psyche des Universums sprechen kann?

Vielleicht kann uns dabei einer der erwähnten Begriffe eine Hilfestellung leisten, nämlich der Begriff *Psychosomatik*. Er ist eine Zusammensetzung aus den altgriechischen Wörtern ψυχή psyché und σῶμα soma (Körper, Leib). Er impliziert die Verbindung des Geistigen und des Physischen im Menschen. Er meint damit, dass diese beiden Seiten des menschlichen Seins untrennbar miteinander verbunden sind und sich gegenseitig beeinflussen, ja, im gewissen Sinn sogar bedingen. (Es ist eine alltägliche Erfahrung, dass die körperlichen Befindlichkeiten des Menschen sich auf seinen Gemütszustand niederschlagen und umgekehrt.) Das heißt im Umkehrschluss, dass auch die beiden grundsätzlichen Elemente des menschlichen Daseins, sein physisches und sein psychisches Sein nur gemeinsam das Phänomen Mensch mit all seinen Gegensätzlichkeiten erklären können. Sie sind komplementär. Wenn aber das, was im Menschen evident wird, nämlich seine geistige Seite, sein Bewusstsein, seine Psyche ein Produkt der Komplexifikation des Universumsstoffes ist

– wie wir es versuchten darzulegen –, dann ist folgerichtig auch seine Komplementarität auf allen Stufen seiner vorausgehenden Entwicklung anzunehmen. Mit anderen Worten: Das *Psychische* ist ein komplementärer Bestandteil des Universums-Stoffes als Ganzes und von Anfang an. In diesem Sinn kann man also auch von der „Psyche" des Universums sprechen.

Demnach ist die Psyche des Universums eine immaterielle Potenz, man könnte auch sagen psychische Energie[110] des Grundstoffes des Universums, die der Motor des oben beschriebenen und auf allen Stufen der Entwicklung des Universums feststellbaren Prozesses der Komplexifikation ist. Sie ist neben der Materie, Energie und der Raumzeit eine weitere universelle und ubiquitäre Komponente des Universums.

Dann gäbe es keine „tote Materie" oder „unbelebte Materie". Es würde dann bedeuten, dass der Stoff des Universums von Anfang an und in jedem seiner kleinsten Bestandteile neben seiner materiellen Seite so etwas wie Keime des Lebens und des Bewusstseins in sich trägt, die in ihrer Summe die Psyche des Universums ergeben. Ihre Evidenz wird zwar erst mit der Erscheinung des Lebens und des Bewusstseins sichtbar, aber sie ist von Anfang an vorhanden und wirkt an der Entwicklung des Universums. Sie ist eine der immanenten Kräfte des Universums-Stoffes. Das heißt also, dass die Entwicklung des Universums nicht nur von physikalischen, sondern auch von nicht materiellen Kräften angetrieben und bestimmt wird. Die von den Naturwissenschaften postulierte Dunkle Energie und Dunkle Materie sind dann nicht eine andere Art der Materie, sondern haben einen immateriellen Charakter. Sie stellen die andere Seite des Universums dar, die zusammen mit der physikalischen Materie und

---

[110] Sie unterscheidet sich von der physikalischen Energie, die laut Einstein mit der Materie konvertierbar ist. Die psychische Energie ist komplementäre Seite des Universums-Stoffes.

Energie die Gesamtheit der Wirklichkeit des Seins abbildet. Der Grundstoff des Universums ist komplementär. Wenn diese Annahme stimmt – und vieles deutet darauf hin – dann ist es auch verständlich, warum die Dunkle Materie und Dunkle Energie bisher physikalisch nicht nachgewiesen werden konnten. Sie können nicht mit einem Instrumentarium bewiesen werden, das ihren materiellen Charakter voraussetzt, weil sie immateriell sind.

Aber wie könnte man sich diese Komplementarität des Universums Stoffes vorstellen? Um dem Problem näher zu kommen, bedienen wir uns der Theorie der *physikalischen* Felder, die in der Naturwissenschaft eingeführt wurde, um bestimmte Phänomene zu erklären. Eingeführt hat sie – wie bereits erwähnt - Faraday. Für ihn und seine Zeitgenossen war der ganze Raum erfüllt von einem Medium, dem Äther. Felder waren Bereiche des Äthers, die sich in einem bestimmten, veränderten Zustand befanden. Nachdem die Theorie des Äthers gefallen ist, musste man auch den Begriff Feld neu definieren. Die Felder wurden im gewissen Sinn entmaterialisiert. Elektromagnetische Felder und Gravitationsfelder sind dadurch gekennzeichnet, dass auf Körper mit bestimmten Eigenschaften, die sich in ihnen befinden, Kräfte ausgeübt werden und zwar auch im Vakuum. Die Felder sind damit Träger von Wechselwirkungen im Raum. Die Feldstärke hängt dabei von verschiedenen Faktoren ab. z.B.: von der Masse eines Körpers (Gravitation), dem elektrischen Potenzial eines Körpers (Elektromagnetismus), der Entfernung zwischen dem Ursprung des Feldes und dem Körper, der sich im Feld befindet. Vereinfachend kann man sagen, je größer die Masse eines Körpers umso größer ist auch seine gravitative Feldstärke und seine Reichweite in den Raum. Ähnliches kann man von der Stärke des elektromagnetischen Feldes sagen. Je größer das elektromagnetische Potenzial des Körpers umso größer die Stärke und Reichweite des elektromagnetischen Feldes, das er bewirkt.

Wie können aber Felder im Raum wirken, der seinerseits leer ist? Dieser leere Raum soll nun bestimmte Eigenschaften haben. Wie kann er das, wenn er leer ist? Nach einer der vielen Definitionen ist das Feld sogar die Eigenschaft selbst. Wer oder was ist aber Träger dieser Eigenschaft? All diese Fragen führten dazu, die elektromagnetischen und Gravitationsfelder als eigenständige physikalische Systeme aufzufassen.[111] Sie wurden zu einer neuen eigenständigen Entität.[112] Nach dem heutigen Verständnis kann der leere Raum sowohl Materie als auch Felder enthalten, ohne dass man näher beschreibt, welchen physikalischen Charakter die Letzteren haben. Wenn sie nicht materiell oder materiell ähnlich sind, was sind sie dann? Im gewissen Sinn sind Felder an materielle Körper gebunden, an ihre Größe und Zustände ohne selbst materiell zu sein. Daran anknüpfend postuliere ich ein weiteres Feld, das ich das *psychische Feld* nenne. Es wohnt jedem kleinsten Partikel der Materie inne und bildet mit ihm den Grundstoff des Universums mit all seinen komplementären Eigenschaften. Er ist damit materiell und immateriell zugleich. Diese andere Seite nenne ich die *Psyche des Universums*. Ähnliche Gedanken zum Feld äußert Deepak Chopra. Er schreibt: „Es gibt ein Feld, dass die gesamte Schöpfung umfasst, ihren sichtbaren Teil ebenso wie den unsichtbaren […].[113]

Wächst die Stärke und Größe der Gravitations- und Elektromagnetischen Felder durch die Zunahme der Masse bzw. des Potenzials, so wächst das *psychische Feld* durch die steigende Komplexität des Universumsstoffes. Je komplexer seine Mikrostrukturen, umso evidenter wird auch seine *psychische Seite*. Die

---

[111] Daseinsform, Vgl. auch: Bohm, David: *Causality and chance in modern physics* , University of Pennsylvania Press, 1980, ISBN 978-0-8122-1002-6, S. 42.
[112] Vgl.: Kuhlmann, Meinard; Lyre, Holger; Wayne, Andrew: *Ontological aspects of quantum field theory.* World Scientific, 15 June 2002, ISBN 978-981-238-182-8, S. 8.
[113] Chopra, Deepak; Mlodinow, Leonhard, S. 65.

Steigerung seiner äußeren Komplexität bewirkt auch die Steigerung des psychischen Elements. Ihre endgültige Evidenz erreicht die psychische Seite des Universums mit der Erscheinung des Lebens im Kosmos. Die Komplexität der organischen Makromoleküle, die die Voraussetzungen für das Leben geschaffen haben, macht auch die psychische Seite des Universumsstoffes sichtbar. Eine weitere Steigerung der Evidenz der Psyche des Universums tritt zutage mit dem Erscheinen des Bewusstseins, das – wie bereits erwähnt - in seiner niedrigsten Stufe schon bei Pflanzen und etwas stärker bei Tieren „durchschimmert". Ihre vorläufig höchste Stufe hat die Evidenz der Psyche beim Menschen erreicht. Durch den Prozess der Komplexifikation erreicht der Stoff des Universums damit jeweils auf der Stufe des Lebens und des Bewusstseins eine neue Form des Seins.

Dabei stehen die *psychischen Felder* und die elektromagnetischen Felder in enger Beziehung zueinander. Davon zeugt die Tatsache, dass viele Lebensäußerungen einschließlich der Bewusstseinsaktivitäten mittels des Elektromagnetismus gemessen werden können, so z.B.: die Aktivitäten des Herzmuskels (EKG), insbesondere aber des Gehirns (EEG). Ein Enzephalograph kann die Aktivität des Zerebrums feststellen, indem er die summierten elektrischen Aktivitäten des Gehirns misst, die sich durch elektrische Spannungsschwankungen an der Kopfoberfläche äußern, und sie anschließend in einem Elektroenzephalogramm grafisch darstellt. Er kann aber nicht ihren *geistigen* Inhalt wie z. B.: Gedankeninhalte und Reflexionen in ihrer großen Vielfalt erkennen. Sie entziehen sich dem rein physikalischen Messprozess. Das Gerät sagt nur: Sie (die Gedanken, Reflexionen) sind da. Wie sie sind, welchen Inhalt sie haben, entzieht sich jedoch seinen Möglichkeiten, die nur die rein physikalische Seite des Universums Stoffes erfassen können. Es ist dennoch kein Zufall, dass die Messung der Funktionalität des Gehirns, des uns heute bekannten komplexesten Körpers im Universum, mittels des Elektromagnetismus geschehen kann. Es deutet darauf hin, dass diese beiden Feldarten in enger Verbindung zueinanderstehen und sich komplementär ergänzen. Das eine zeigt die physikalische, das andere die psychische Seite des Seins.

Das Bewusstsein und die emotionalen Zustände sind nicht nur die Summe von elektrischen Impulsen, den berühmten „Blitzen" der Neuronen in unserem Gehirn. Sie stellen vielmehr eine andere Dimension des Seins dar, die jedoch bereits in allen vorausgegangenen Entwicklungsstufen des Universums ihre Wurzeln hat und dort auch ihr Fundament haben muss, wenn das Kausalitätsprinzip nicht verletzt werden soll.

Zusammenfassend kann man sagen, das Universum hat eine sichtbare, erfassbare materielle Seite und eine unsichtbare, immaterielle, psychische Seite, die wir auch *Psyche des Universums* nennen können.

**Hinweise aus dem alltäglichen Leben**

Als weitere Hinweise auf die dichotome Art des Universums-Stoffes möchte ich zwei Phänomene anführen, die wir aus der alltäglichen Erfahrung kennen: die Gedankenkommunikation und die Homöopathie.

Ehepaare und Menschen, die in enger Verbindung zueinander stehen, berichten immer wieder, dass sie oft ohne äußeren Anlass dazu die gleichen Gedanken haben.[114] Es handelt sich dabei um Gedankeninhalte, die weder von den vorausgehenden Gesprächen abgeleitet werden können, noch durch andere nonverbale Zeichen und Gesten suggeriert wurden. Gedanken also, die an diesem Ort und zu dieser Zeit völlig fremd sind und damit weder vom zeitlichen noch situativen Kontext abgeleitet werden

---

[114] Während meiner fünfzigjährigen Tätigkeit als Seelsorger und Lehrer haben mir unzählige Menschen von diesem Phänomen berichtet. Und ich kenne es auch aus meiner eigenen langjährigen Eheerfahrung.

können. Sie sind rein spontan parallel bei beiden Partnern entstanden. Man denkt an das gleiche oder möchte das Gleiche tun, ohne dass man davor irgendeine äußere Kommunikation darüber aufnahm. Es gibt dann fast eine Standardfeststellung des anderen Partners nachdem einer von ihnen den Gedanken laut geäußert hat: „Genau an das gleiche habe ich in diesem Augenblick auch gedacht", „Das wollte ich jetzt auch tun." oder „Genau das wollte ich dir auch vorschlagen." Da ich dieses Phänomen in meiner Ehe immer wieder feststellte, befragte ich andere, ob sie Ähnliches auch in ihrer Beziehung erfahren hatten. Die Antworten bestätigten einhellig meine eigenen Erfahrungen. Anscheinend ist diese Art von Gedankenkommunikation und ähnliche Phänomene eine Fähigkeit zweier Bewusstseinssubjekte nicht verbal und nicht visuell in Kontakt zu treten. Das führt uns wieder zu der Frage nach der Ursache. Und wenn diese nicht im direkten materiellen Zusammenhang zu finden ist, dann deutet sie auf eine andere Ursachenebene hin, die das rein Physikalisch-Biologische überschreitet.

Ein anderes Phänomen, das in die gleiche Richtung hinweist, ist die Homöopathie. Bei der Herstellung der homöopathischen Arzneimittel werden die Grundsubstanzen einer sogenannten Potenzierung (Verdünnung) unterzogen, das heißt, sie werden wiederholt (meist im Verhältnis 1:10 oder 1:100) mit Wasser oder Ethanol *verschüttelt* oder mit Milchzucker verrieben. Der Begründer der Homöopathie, der Arzt Samuel Hahnemann nahm an, dass durch das besondere Verfahren der Potenzierung oder wie er es auch bezeichnete „Dynamisierung" eine „*im innern Wesen der Arzneien verborgene, geistartige Kraft*" wirksam werde[115]. Zur Begründung der Hochpotenzen ging er davon aus, dass „*durch diese mechanische Bearbeitung [...]bewirkt wird, dass die, im rohen Zustande sich uns nur als Materie,*

---

[115] Hahnemann, Samuel: *Organon der Heilkunst.* 6. Auflage. § 20 und § 269.

*zuweilen selbst als unarzneiliche Materie darstellende Arznei-Substanz, mittels solcher höhern und höhern Dynamisationen, sich endlich ganz zu geistartiger Arznei-Kraft subtilisiert und umwandelt.*"[116]

Die Schulmedizin betrachtet die Homöopathie ambivalent. Auf der einen Seite wird sie von vielen Schulmedizinern abgelehnt, auf der anderen Seite gibt es neben Heilpraktiker auch Ärzte, die sie praktizieren. Die festgestellte Wirksamkeit der homöopathischen Arzneimittel wird von den Ersteren als ein Placeboeffekt bezeichnet. Es ändert jedoch nichts an der Tatsache, dass viele Heilpraktiker und etliche Schulmediziner an der Praxis der Homöopathie festhalten und viele Patienten von ihrer Wirksamkeit überzeugt sind, wovon auch die hohen Umsätze beim Verkauf von homöopathischen Arzneien zeugen. Darüber hinaus scheinen die homöopathischen Arzneimittel auch bei Kleinkindern, ja, sogar bei Tieren zu wirken, bei denen man nur schwer von einem Placeboeffekt ausgehen kann.

Beide Phänomene weisen darauf hin, dass der Universums-Stoff neben der materiellen auch eine komplementäre immaterielle, psychische oder geistige Seite hat. Wir haben sie als *psychisches Feld* oder allgemeiner als *Psyche des Universums* bezeichnet. Es ist deshalb auch nicht auszuschließen, dass sowohl bei der oben beschriebenen Gedankenkommunikation wie auch bei der „Potenzierung" der homöopathischen Arzneimittel dieses *psychische Feld* eine Rolle spielt. So dass im ersten Fall seine Kraft die Bewusstseinszustände der beiden Partner zu einem, die einzelne Person überschreitenden höheren *psychischen Feld* vereint, das die Grenze des Physikalisch-Chemischen in jeder Hinsicht überschreitet. Und im zweiten Fall, die Kraft des *psychischen Feldes* der Grundsubstanz auch in der großen Verdünnung wirksam wird, indem sie auf die hochpotenzierte Substanz selbst übergeht

---

[116] Ebenda: § 270.

und ihre heilende Kraft bewirkt, obwohl in ihr keine Partikel von der Grundsubstanz physikalisch-chemisch mehr nachweisbar sind.

## Schlussfolgerungen und Perspektiven

Wenn die anfangs gestellten Thesen stimmen, was wir versucht haben zu beweisen, hat das weitreichende Konsequenzen für die künftigen Entwicklungen sowohl des Makro- wie auch des Mikrokosmos. Sein heutiger Zustand ist damit nur eine von vielen Etappen seiner Entwicklung. Seine Komplexität wird weiterhin zunehmen und neue uns heute noch nicht bekannte Formen des Seins hervorbringen. Dies betrifft sowohl den Makro- wie auch den Mikrokosmos. Bereits heute entdecken Astronomen immer wieder neue bis dahin nicht bekannte Konstellationen und Formationen in den Weiten des Universums. Auch die Strukturen im Bereich des Mikrokosmos werden zunehmen und noch höhere Formen des Bewusstseins hervorbringen als die, die wir heute kennen.

Eine weitere mögliche Konsequenz wäre die Annahme, dass sowohl das Leben wie auch das Bewusstsein keine Zufälle sind, sondern logische Folgen in der kontinuierlichen Entwicklung des Universums. Nicht auszuschließen wäre auch die Vermutung, dass die Entstehung des Lebens auf der Erde kein einmaliger Akt war, sondern sich auch heute immer wieder neu ereignet.

Auch anzunehmen wäre, dass unser Planet nicht eine Ausnahme in Bezug auf die Entstehung des Lebens und des Bewusstseins im Universum ist, vielmehr ist das Leben und das Bewusstsein im All eine weitverbreitete Form des Seins. Ob die „Männchen" aus dem All dann allerdings „grün" sind, sei dahingestellt.

# Nachwort

Bei all den Überlegungen spielte die Frage – um es mit Aristoteles auszudrücken – des „Unbewegten Bewegers" keine Rolle. Ich habe sie bewusst ausgeklammert, um sie von der Einseitigkeit eines religiösen Betrachtens fern zu halten. Es ist mir aber bewusst, dass je nach der Weltanschauung des konkreten Lesers auch diese Frage immer wieder auftauchen wird.
Möglicherweise wird der Gottgläubige Anhaltspunkte in meinen Überlegungen finden, die ihn in seinem Glauben an Gott bestätigen, weil er in der Entwicklung des Universums Stoffes eine Art „Plan" erkennt, der seinerseits auf die höchste Weisheit und Intelligenz hinweist, die nur Gott zugeschrieben werden kann. Es ist aber auch möglich, dass ein nur an die Materie Glaubender sich bestätigt fühlt, weil ihm die Autarkie des geschilderten Universums völlig ausreicht, um an seiner Überzeugung, nur an die Materie zu glauben, festzuhalten.

Da wir den Ursprung des Universums mit hoher Wahrscheinlichkeit nie naturwissenschaftlich werden ergründen können, bleibt er nur dem Glauben vorbehalten. Und zwar sowohl dem Glauben daran, dass am Anfang des Universums eine Absolute Intelligenz steht, die wir gewöhnlich Schöpfergott nennen, wie auch dem Glauben daran, dass das Universum keines Schöpfungsaktes durch eine öhere Macht erfordert.

Es wird dadurch sichtbar, dass auch diese Überlegungen letztendlich die grundsätzlichen Fragen nach dem Seienden nicht beantworten konnten. Möglicherweise werden sie nie überzeugend beantwortet werden können. Es wird die Menschen aber dennoch davon nicht abhalten, die Fragen nach dem eigenen Dasein immer wieder neu zu stellen, die letztendlich unzertrennlich verbunden sind mit den Fragen an das Sein des Universums als Ganzes.

Diese menschliche Neugierde nach dem Grundsätzlichen zu fragen und zu forschen, bestätigen auch viele bedeutende Naturwissenschaftler, die im Laufe ihres sehr ertragreichen Wirkens von reinen Physikern, Chemikern oder Biologen sehr oft zu Naturphilosophen „mutierten", weil sie feststellen mussten, dass ihnen die Naturwissenschaften die Fragen nach dem Grundlegenden des Universums nicht erschöpfend beantworten konnten. Das hängt nicht zuletzt damit zusammen, dass die Naturwissenschaften sich hauptsächlich mit der Frage befassen, wie das Universum und seine Bestandteile sind, nicht aber mit der Frage, warum sie da sind und weshalb sie so sind wie sie sind? Das Letztere ist allenfalls das Objekt der philosophischen oder theologischen Betrachtungsweisen.

In seinen Essays befasst sich der berühmteste Physiker des 20. Jahrhundert, Albert Einstein, u.a. mit den ontologischen Fragen nach dem Sein. Auch Max Planck und Carl Friedrich von Weizsäcker beschäftigten sich in den späten Jahren ihrer Schaffenszeit immer häufiger mit physikalisch-philosophischen Grenzfragen. Ähnliches kann man bei den bereits erwähnten Werner Heisenberg, dem britischen Mathematiker und Physiker Sir Roger Penrose und seinem Landsmann, dem Biologen und Genetiker John Burdon Sanderson Haldane, und dem Physiker Hans-Peter Dürr feststellen. Die Liste ähnlicher Lebensläufe ließe sich beliebig fortsetzen.

Es scheint den Menschen nicht zu befriedigen, wenn er feststellt, dass etwas so ist, wie er es vordergründig wahrnimmt. Er stellt und zwar bereits seit seiner frühen Kindheit die berühmte Frage: Warum? Warum ist es, so wie es ist? Später wird diese Frage erweitert um zwei weitere: „Woher komme ich und die mich umgebende Welt?" und „Wohin gehe ich?"

An diesem Wissensdrang wird sich auch in der Zukunft mit hoher Wahrscheinlichkeit nichts ändern. Die Suche nach adäquaten Antworten auf die grundsätzlichen Fragen unseres Seins und damit verbunden auch nach dem Sein der Wirklichkeit insgesamt, wird auch künftig die menschlichen Generationen beschäftigen. Ob die Antworten auf all diese Grundfragen jemals gefunden werden können, ist nach dem heutigen Stand der Dinge eher fragwürdig. Das wird die Menschen dennoch davon dennoch nicht abhalten, sie versuchen zu ergründen. Die Frage nach dem Sein im Allgemeinen gehört somit zum Menschen, wie seine Existenz selbst.

# Literatur

Antón, Susan C.; Potts, Richard; und Aiello, Leslie C.: *Evolution of early Homo: An integrated biological perspective.* In: Science. Band 345, Nr. 6192, S. 201

Bohm, David: *Causality and chance in modern physics* , University of Pennsylvania Press, 1980, ISBN 978-0-8122-1002-6.

Bojowald, Martin: *Zurück vor den Urknall: Die ganze Geschichte des Universums.* Fischer, Frankfurt am Main 2009, ISBN 3-10-003910-6.

Blome, Hans-Joachim; Zaun, Harald: *Der Urknall.* Beck, München 2004, ISBN 3-406-50837-5.

Börner, Gerhard; Bartelman, Matthias: *Astronomen entziffern das Buch der Schöpfung.* In: *Physik in unserer Zeit.* Band 33, Nr. 3. Wiley-VCH, Weinheim 2002, ISSN 0031-9252, S. 114–120.

Bonchino, Alberto: *Materie als geronnener Geist - Studien zu Franz von Baader in den philosophischen Konstellationen seiner Zeit,* Paderborn 2014, ISBN 978-3-506-77452-1

Born, Max; Einstein, Albert: *Albert Einstein, Max Born. Briefwechsel 1916–1955.* München (Nymphenburger) 1955.

Brockhaus Universal Lexikon, Leipzig 2003, Band 3.

Capelle, Wilhelm: *Die Vorsokratiker*, Leipzig 1935.

Chopra, Deepak; Mlodinow, Leonhard: *Schöpfung oder Zufall?*, Arkana, 2012.

Clegg, Brian: *Vor dem Urknall – Eine Reise hinter den Anfang der Zeit.* Rowohlt, Reinbek 2013, ISBN 978-3-499-62775-0.

Darwin, Charles: *Die Abstammung des Menschen.* Fischer Taschenbuch Verlag. 2009. ISBN 978-3-596-90145-6 S.

*Der Urknall* , in *GEO kompakt.* Nr. 29, Gruner & Jahr, Hamburg 2012, ISBN 978-3-652-00026-0.

Diogenes Laertios 9,6 In: *Die Fragmente der griechischen Historiker* 244 F 340a.

Erhardt, R. von: Erhardt-Siebold, E. von: Archimedes' Sand-Reckoner. *Aristarchos and Copernicus.* In: Isis. 33, 1942, S. 578–602.

Flasch, Kurt: *Nikolaus von Kues. Geschichte einer Entwicklung*, Frankfurt/Main 1998.

Franz, Angelika: *Neudatierung: Stonehenge ist vermutlich älter als bisher angenommen.* Auf: *Spiegel Online* vom 9. Oktober 2008.

Gamble, Clive: Gowlett, John; Dunbar, Robin: *Evolution, Denken, Kultur. Das soziale Gehirn und die Entstehung des Menschen,* Spektrum 2016, ISBN 978-3-662-46767-1.

Geldsetzer, Lutz: *Die klassische indische Philosophie* Vorlesungen an der HHU Düsseldorf, SS 1982, WS 1993/94, WS 1998/99

Hahnemann, Samuel: *Organon der Heilkunst.* 6. Auflage.

Harf, Rainer und Witte, Thomas: *Wie das Denken in die Welt kam.* In: GEOkompakt Nr. 33 - Gruner&Jahr 2012. S. 32–43.

Hawking, Stephen W.: *Eine kurze Geschichte der Zeit.* Rowohlt, Reinbek 1991, ISBN 3-499-60555-4.

Heisenberg, Werner: *Physik und Philosophie.* 6. Auflage, Stuttgart 2000.

Herder Lexikon der Biologie, 2004: Mutation.

Herrmann, Dieter B.: *Urknall im Labor.* Wie Teilchenbeschleuniger die Natur simulieren. Springer, Heidelberg 2010, ISBN 978-3-642-10313-1.

Hetherington, Norriss S. (Hrsg): *Encyclopedia of Cosmology (Routledge Revivals): Historical, Philosophical, and Scientific Foundations of Modern Cosmology.* Taylor and Francis, 2014, ISBN 9781317677666.

Hirschberger, Johannes: *Geschichte der Philosophie*, Freiburg, Basel, Wien, 11. Auflage, 1979.

Jahn, Andreas (Hg.): *Wie das Denken erwachte. Die Evolution des menschlichen Geistes*. Spektrum der Wissenschaft, 2012. ISBN 978-3-7945-2869-1

Jacobi, Klaus (Hrsg.): *Nikolaus von Kues. Einführung in sein philosophisches Denken*, Freiburg 1979.

Kandel, Eric: *Auf der Suche nach dem Gedächtnis. Die Entstehung einer neuen Wissenschaft des Geistes*. München 2006, ISBN 3-88680-842-4

Kühnen, U. (2015). *Tierisch kultiviert. Menschliches Verhalten zwischen Kultur und Evolution*. Spektrum. ISBN 978-3-662-45365-0

Kuhlmann, Meinard; Lyre, Holger; Wayne, Andrew: *Ontological aspects of quantum field theory*. World Scientific, 15 June 2002, ISBN 978-981-238-182-8.

Lorenz, Konrad und Wuketits, Franz (Hg.): *Die Evolution des Denkens*. 12 Beiträge. Piper 1983. ISBN 3-492-02793-8.

Metzinger, Thomas (Hg.): Bewusstsein. *Beiträge aus der Gegenwartsphilosophie*, Paderborn 2005

Nagel, Thomas: *Geist und Kosmos - Warum die materialistische neodarwinistische Konzeption der Natur so gut wie sicher*

132

*falsch ist?*, Suhrkamp Taschenbuch Wissenschaft, 2016, ISBN 978-3-518-29751-3.

Nussbaumer, Harry: *Achtzig Jahre expandierendes Universum*. In: *Sterne und Weltraum*. Band 46, Nr. 6. Spektrum, Heidelberg 2007, ISSN 0039-1263, S. 36–44.

Rapp, Christof: *Vorsokratiker*. München 1997.

Ratcliff, William C.; R. Ford Denison, Mark Borrello, Michael Travisano (2012): *Experimental evolution of multicellularity*. Proceedings of the National Academy of Sciences USA Vol. 109 No.5: 1595–1600.

Schrenk, Friedemann und Bromage, Timothy: *Der Hominiden-Korridor Südostafrikas*. In: Spektrum der Wissenschaft, Nr. 8/2000.

Schrenk, Friedemann: *Die Frühzeit des Menschen. Der Weg zum Homo sapiens*. C. H. Beck, München 1997.

Singh, Simon: *Big Bang,* Hanser, München/Wien 2005, ISBN 3-446-20598-5.

Stuckrad, Kocku von: *Geschichte der Astrologie*, München 2007.

Teilhard de Chardin, Pierre: *Der Mensch im Kosmos*, München 1959.

Vaas, Rüdiger: *Hawkings neues Universum*, München 2010

Weinberg, Steven: *Die ersten drei Minuten.* Piper, München/Zürich 1997, ISBN 3-492-22478-4.

Wilhelm, Richard: *Tao te king.* Eugen Diederichs Verlag, München, 1978.

Wohlleben, Peter: *Das geheime Leben der Bäume*, München 2015.

Wood B., Collard M.: *The human genus.* In: Science. 1999 Apr. 2 / 284, S. 65-71.

Zinner, Ernst: *Entstehung und Ausbreitung der copernikanischen Lehre*, München 1988.

Zum Autor:

Johannes J. Urbisch wurde am 29. August 1944 in Streitkirch Kr. Ratibor/Oberschlesien geboren. Er besuchte dort die Grundschule und anschließend das Gymnasium in Ratibor, das er mit dem Abitur abschloss. Von 1962-68 studierte er Philosophie und Theologie in Neiße und Oppeln. 1968 Priesterweihe und bis 1972 Vikar an St. Nikolai in Peiskretscham/OS. 1972-1975 Studentenseelsorger in Beuthen/OS und Studium der Pastoralsoziologie in Kattowitz. 1975 Übersiedlung in die Bundesrepublik Deutschland. 1976-1980 Vikar in St. Marien, Menden und Religionslehrer an der Placida-Schule. 1980 Pastor an Propstei in Dortmund. 1981-1987 Pfarrer an Liebfrauen in Dortmund. 1987-1990 Geschäftsführer des BFS in Bad Lippspringe, Heirat mit Monika Tigges und Geburt der Tochter Alexandra. 1990-2009 Pfarrer der Katholischen Kirchengemeinde der Alt-Katholiken in Berlin, ab 1996 Dekan des Alt-Katholischen Dekanates Mitte-Ost, ab 2001 Beauftragter des Katholischen Bistums der Alt-Katholiken am Sitz der Bundesregierung. 2009 emeritiert.

**Publikationen:**

Der Alt-Katholizismus in Berlin und Umgebung, Berlin 1993.
Die Kraft der Wurzeln – Meine Kindheit in Schlesien, Berlin 2003/2006.
Die Geschichte des Alt-Katholizismus in Schlesien bis 1945, Berlin 2006.
Warum glaube ich an Gott?, Berlin 2010.

Die Geschichte der Alt-Katholischen Kirche in Mitteldeutschland, Borsdorf 2013.

Das Leben aber ging weiter – Eine Nachkriegskindheit in Oberschlesien, Borsdorf 2015.

Katholisch – schon am Morgen des Pfingsttages in *Quatember*, Heft 2 1995, S. 95 – 100.

Die Alt-Katholiken und der preußische Staat um 1870, in *Freikirchen – Forschung* 2000, Münster, S.134 – 156.

Eine „Frei-Kirche" besonderer Art in *„ Mit uns hat der Glaube nicht angefangen"* Berlin 2001, S. 132-158.

Einige Kurzerzählungen in *Christliches Hausbuch für die ganze Familie 2012 und 2015, Leipzig.*

Zeitfracht Medien GmbH
Ferdinand-Jühlke-Straße 7
99095 Erfurt, Deutschland
produktsicherheit@kolibri360.de